Gottfried Friedlein

Gerbert, die Geometrie des Boethius und die indischen Ziffern

Ein Versuch in der Geschichte der Arithmetik

Gottfried Friedlein

Gerbert, die Geometrie des Boethius und die indischen Ziffern
Ein Versuch in der Geschichte der Arithmetik

ISBN/EAN: 9783743612686

Hergestellt in Europa, USA, Kanada, Australien, Japan

Cover: Foto ©ninafisch / pixelio.de

Weitere Bücher finden Sie auf **www.hansebooks.com**

Gerbert,

die

Geometrie des Boethius

und

die indischen Ziffern.

Ein Versuch

in der

Geschichte der Arithmetik

von

Dr. G. Friedlein.

Mit 6 lithographirten Tafeln.

Erlangen,
Verlag von Theodor Blaesing.
1861.

Druck von Junge & Sohn in Erlangen.

Alex. v. Humboldt sagt in seinem Kosmos (II, S. 263), dass es die Untersuchungen von Chasles, zu denen dieser durch seine richtige Interpretation der sogenannten pythagorischen Tafel in der Geometrie des Boethius veranlasst worden ist, mehr als wahrscheinlich machen, dass die Christen im Abendlande selbst früher als die Araber mit den indischen Zahlen vertraut waren und dass sie unter dem Namen des Systems des Abacus den Gebrauch der 9 Ziffern nach ihrem Stellenwerthe kannten. Aber, bemerkt derselbe weiter unten, bei einem historischen Probleme, über das noch viel zu entdecken übrig ist, entsteht die Frage: ob auch der Stellenwerth, der sinnreiche Kunstgriff der Position, welcher schon im tuscischen Abacus wie im Suanpan von Inner-Asien hervortritt, zweimal abgesondert, im Orient und Occident, erfunden worden ist, oder ob durch die Richtung des Welthandels unter den Lagiden das System des Stellenwerthes von der indischen westlichen Halbinsel aus nach Alexandrien verpflanzt und in der Erneuerung der Träumereien der Pythagoreer für eine Erfindung des ersten Stifters des Bundes ausgegeben worden ist.

Zur Beantwortung dieser Frage haben am meisten drei Arbeiten der neuesten Zeit beigetragen; nemlich die Abhandlung Cantor's „Ueber die Einführung unserer gegenwärtigen Ziffern in Europa" in der Ztschr. f. Math. u. Phys. I. Jahrg. 1856, S. 65—74 (im Folgenden mit I bezeichnet), der Vortrag desselben Gelehrten auf der 34. Versammlung der Naturforscher und Aerzte 1858 „Zur ältesten Geschichte der Zahlzeichen" (S. 135—142 des Berichtes über diese Versammlung, Karlsruh 1859; im Folgenden mit II bezeichnet) und die Abhandlung von Joseph Krist „Ueber Zahlensysteme und deren Geschichte" im 4. Jahresbericht der Ober-Realschule in Ofen 1859.

Die erste Arbeit fasst das Ergebniss der Untersuchung selbst S. 73 — 74 in folgende 6 Thesen zusammen: 1) Allen Sprachen des indo-germanischen Stammes ist ein dekadisches Zahlensystem gemeinsam. 2) Bei allen Völkern dieses Stammes hat sich eine Rechnungsmethode gebildet, welche gleichfalls von dem System Gebrauch macht, indem die verschiedene Rangordnung durch die Stellung der Zeichen ausgedrückt wird. 3) Die Europäer gingen nie über diese Rechnungsmethode hinaus und bedienten sich dazu einer mit Columnen versehenen Rechentafel. 4) Bei den Indern machte die Erfindung der Null die Columnen unnöthig und von da an nimmt der frühere Kunstgriff ganz den Charakter einer Schrift an. 5) Die Ziffernschrift verbreitete sich als solche unter dem Volke der Araber, während die Rechnungsmethode nur bei einzelnen Gelehrten wie Boethius, Gerbert sich erhielt. 6) Die Einführung der 10 Zeichen der Indier gehört dem Leonardo Fibonacci an, und seit dieser Zeit wird die Rechenkunst mehr und mehr Volkseigenthum.

Zur richtigen Würdigung dieser Sätze muss vor Allem darüber Klarheit herrschen, was unter „Stellenwerth" und „Rangordnung durch die Stellung" zu denken ist. Bei dem Suanpan und dem tuscischen Abacus sind Schnüre oder Linien wagrecht gezogen, und es vertreten Kugeln und calculi die Zahlzeichen. Je nach den Schnüren oder Linien, auf welchen diese sich befinden, drücken sie soviel Einer, Zehner, Hunderter u. s. w. aus, als ihre Anzahl ausmacht. Ferners giebt es dabei eigene Schnüre und Linien für die Fünfer, Fünfziger u. s. w.[1]) Das

---

[1]) Diese Angaben entnehme ich aus der Schrift Humboldt's über die Zahlzeichensysteme in Crelle's Journal IV, S. 216—217; aus der Schilderung eines röm. Abacus, die Cantor, I, S. 67—68 nach Klügel, math. Wörterbuch II, S. 736 giebt (ein ungefähres Bild

System des Abacus bei Boethius aber hat senkrecht neben

davon s. auf Taf. I), und aus der sogenannten Rechnung auf den Linien, die im 16. Jahrh. noch neben der jetzigen Rechnungsweise bestand, und die unzweifelhaft von der Rechnung auf dem röm. Abacus abstammt, mit der Abänderung, dass die Zwischenräume für 5, 50 u. s. w. benützt werden. Die Schreibweise der Römer war ganz bequem, die durch Steinchen oder Knöpfchen auf der Rechentafel ausgedrückte Zahl sofort niederzuschreiben. Man sehe die Darstellung der Zahl 1583762 auf Taf. I. Hier sei auch sogleich bemerkt, dass die alten Athener und vielleicht ursprünglich auch alle Griechen eine der römischen Bezeichnungsweise der Zahlen ganz ähnliche mit den Zeichen $I\ \Gamma\ \varDelta\ H\ M$ hatten. Daher wird auch ihr ἄβαξ mit seinen ψῆφοι derselbe gewesen sein und hierin der Grund liegen, warum die Römer bei ihrem *abacus* blieben trotz der vollkommneren Schreibweise der Griechen, da diese nämlich selbst ihren ἄβαξ desswegen nicht aufgaben.

Die Abbildung, die Böttiger, Kleine Schriften III, zu S. 10 mittheilt, zeigt Linien auf dem *abacus*, einem viereckigen länglichen Kästchen, senkrecht gegen den Rechnenden, aber die Rechensteine liegen in 2 wagrechten Reihen, so dass es nicht wahrscheinlich ist, dass die Linien wirklich Darstellungen der Linien des Abacus sein sollen, auch wenn sie ebenso wie auf der Abbildung auf dem Marmor selbst sich vorfinden. Ueberdiess scheint der Rechnende die Rechentafel seinem Herrn so zu halten, dass dieser sie überschauen kann; die Richtung derselben ist also wenigstens nach der vorliegenden Beschreibung zweifelhaft.

Bei der wagrechten Lage der Linien liessen sich auch die Rechnungen mit verschieden benannten Zahlen bequem neben einander ausführen. Zur Veranschaulichung wählte ich auf Taf. II das Additionsbeispiel, welches in dem Algorithmus linealis steht, den ich in Erlangen auf der Universitätsbibliothek unter Med. III. 522 fand. 1 *florenus* = 21 *grossi*, 1 *grossus* = 12 *denarii*, 1 *denarius* = 2 *obuli*. Für die *obuli* ist keine eigene Abtheilung gemacht, weil sie als halbe *denarii* unter die Einer dieser gesetzt wurden. Ich gebe die Rechnung in 7 Theilen, um das Hinzufügen der einzelnen Summanden zu veranschaulichen. Die 0 auf den Linien heissen *projectiles*.

einander stehende Columnen, welche die Einer, Zehner, Hunderter u. s. w. darstellen, und in welche Buchstaben oder andere Zahlzeichen eingeschrieben wurden. Die quinaren Reihen fehlen ganz. In diesem aber, wie bei jenen, ist es doch eigentlich die Linie, die Schnur, die Columne, die den Stellenwerth hat; die Zahlzeichen erhalten ihn erst durch diese; der Gedanke, dass eine Zahl desswegen 10 oder 100 fach grösseren Werth hat als eine andere, weil sie vor ihr steht, oder vor ihr und noch einer anderen, liegt jenen Anschauungen noch fern, bei denen eine Zahl auf einer Schnur, einer Linie oder Columne den Werth dieser hat, ob andere daneben sich befinden oder nicht. Stellenwerth also im jetzt gewöhnlichen Sinn, d. h. Werth, den ein Zahlzeichen (Ziffer) durch die Zusammenstellung mit anderen Zahlzeichen oder durch die Stellung zu anderen Zahlzeichen ohne weitere Andeutung dieser Stellung erhält, kann ich weder bei dem einen noch bei den anderen finden, als nur in so weit, dass er den Schnüren, Linien oder Columnen beigelegt werden kann. Dass Humboldt gleichwohl vom „Gebrauch der 9 Ziffern nach ihrem Stellenwerthe" spricht, rührt von der Darstellung Chasles' her, die er als eine „richtige" bezeichnet. Doch denkt er den Unterschied des Abacus des Boethius vom tuscischen als einen wesentlichen, und kennt einen Fortschritt an von den calculis und Kugeln zu Zahlzeichen, die 9 an der Zahl alle Zahlen ausdrücken können.

Wie verhalten sich nun dazu die Sätze Cantor's? Der 3. Satz nennt als höchste Leistung der Europäer die Rechnungsmethode mit Columnen, und da der 5. davon spricht, dass diese nur bei einzelnen Gelehrten sich erhielt, so ist offenbar, dass ausserdem an andere niederer stehende Rechnungsweisen gedacht werden muss. Dies erhellt auch aus dem S. 67—71 Gesagten, aber es findet keine genauere Scheidung statt zwischen der niederen Rechnungsweise und der vollkommneren, welche „von dem Positionswerthe der Zahlzeichen Gebrauch machte" (S. 69) und bei den „alten Griechen und Römern" und (S. 71) „sporadisch in Europa vom Ende des 10. bis zur Mitte des 12. Jahrh." sich findet. Was aber bei Humboldt als ein geistreicher Gedanke erscheint, der entweder in Europa selbst erdacht oder aus dem Morgenland etwa im 3. Jahrh. v. Chr. dorthin gebracht wurde, und hart an unsere jetzige Rechnungsweise streift, das ist bei Cantor eine allerdings bald, aber stets, wie es scheint, nur für wenige vorhandene Weise, die gleichsam nie aus der Gelehrtenstube kommt und uns allein schwerlich so weit gebracht hätte, als wir jetzt sind. Denn wenn Cantor auch sagt (S. 69), dass diese Rechnungsmethode in „nur" 3 Momenten von der heutigen Zifferschrift verschieden war, so setzt er doch bei „allerdings wesentlichen Momenten".

Als diese bezeichnet er 1) dass der Abacus der Alten nur eine Rechenmethode, nicht aber eine Schrift war; 2) dass die Alten Columnen nöthig hatten, um den Stellungswerth der einzelnen Zahlzeichen anzugeben; 3) dass eben desshalb, um das Nichtvorhandensein von Einheiten eines bestimmten Ranges anzugeben, das Leerlassen der betreffenden Columnen genügte, während wir uns dazu eines besonderen Zeichens, der Null, bedienen.

Hier ist nochmals besonders hervorzuheben, dass unter dem Abacus der Alten das vollkommnere Verfahren mit Columnen verstanden ist, nicht der tuscische Abacus mit seinen Linien. Dass Stellenwerth im jetzigen Sinn des Wortes nicht dabei zu finden ist, wurde schon oben bemerkt. Aber auch ausserdem sinkt dieses vollkommnere Verfahren nach Cantor gegen Humboldt's Darstellung bedeutend in seinem Werthe, wogegen Fibonacci's Verdienst um so höher steigt. Vgl. S. 72—74. Es gilt jedoch nun die weitere Untersuchung über das Entstehen und Bestehen des Verfahrens mit den Columnen.

Sieht man auf das, was Cantor darüber sagt (S. 68—69), so findet man, dass keine Persönlichkeit als Urheber genannt wird; Boethius ist Träger der Tradition desselben, und Gerbert und seine Schüler lernten aus Boethius. Pythagoras erscheint als Urheber der unvollkommnen Rechentafel, und es wird hiefür besonders auf den Holzschnitt in der *marg. philos.* des Gregorius Reisch hingewiesen. Ich konnte davon nur die

Ausgabe von 1508 einsehen und bin dadurch auf manche Bedenken gekommen. Cantor hält es für ausgemacht, dass die beiden abgebildeten Männer den Pythagoras und den Boethius vorstellen. Möglich; aber auffallend ist, dass die Namen derselben, der eine ganz, der andere halb, auf dem Bande verkehrt gegen die Bücher zu gestellt sind, welche die in der Mitte befindliche Frauengestalt mit den Händen aufgeschlagen hinaushält. Auffallend ist ferner, dass der Text der *marg.* selbst *(tract. prim. cap. 1)* keineswegs Boethius dem Pythagoras gegenüberstellt, sondern jenen nur als Uebersetzer dessen nennt, was dieser erfunden hat. Auffallend ist endlich, dass der Mann, welcher Boethius vorstellen soll, ohne Columnen rechnet, der angebliche Pythagoras aber auf einem Tisch mit Linien und Rechenpfennigen, keiner also von beiden das thut, was von ihm ausgesagt wird, wenn nämlich „die unbehülfliche metallene Rechentafel mit Knöpfchen" (S. 68) das früheste Hülfsmittel zum Rechnen bei den Griechen war. Ich kann also in dem Bilde nur die Darstellung der damals neben einander bestehenden Rechnungsweisen erkennen „auf den Linien und mit der Feder", wie sie noch 1550 Adam Riese nennt. Von dem damaligen Nebeneinanderbestehen beider ist die *marg. philos.* selbst, die beide angiebt, der beste Beleg.

Die Frage, woher die Zeichen beim Columnensystem im Abendland rühren, wird S. 69 ganz unbestimmt dahin beantwortet, dass die Ersten, welche in Europa besondere Zeichen statt der Buchstaben gebrauchten, „wohl nur solche waren, die mit indischen und semitischen Völkern auf Reisen zusammengekommen waren." Demnach ist durch diese Schrift Cantor's das vorliegende historische Problem noch keineswegs vollständig gelöst, und es ist nunmehr seine zweite Arbeit zu betrachten.

Hier ist es nach dem bisher Angegebenen gewiss auffallend S. 135 zu lesen: „In der That besassen schon die alten Griechen in ihrem ἄβαξ eine Tafel, die nach decadischem System eingetheilt, mit Zeichen beschrieben wurde, welche den einzelnen Ziffern, deren wir uns noch heute bedienen, äquivalent waren." Noch bestimmter heisst es dann S. 141: „Pythagoras kannte eine Rechentafel, er kannte auch Zeichen für die 9 Werthziffern, welche auf der Rechentafel benutzt wurden; aber die Null kannte er nicht." Hiedurch ist offenbar Pythagoras als Erfinder des vollkommneren Abacus dargestellt, während er in der ersten Arbeit Cantor's als Urheber der unvollkommnen Rechentafel erscheint. Neue Gründe, die zu dieser Steigerung des früher Aufgestellten berechtigten, sind nicht angegeben, nur die Hauptstelle aus der Geometrie des Boethius ist ausführlicher angeführt, und dann eigens auf den früheren Aufsatz verwiesen. Es ist daher nöthig, die früher angeführten Gründe näher anzusehen.

Auf S. 67 heisst es: „Zeugnisse dafür liefern viele alte Schriftsteller" und in der Anmerkung wird citirt: als Hauptstelle Polyb. 5, 26, 13, ferner Pers. *Sat.* 1, 132 (131); dann noch Plutarch, *vita Catonis Utic.* am Ende (cap. 70) und Martianus Capella *de nuptiis Philol. et Merc. lib. VI de Geom.* Es sind dies dieselben Stellen, welche Chasles (Geschichte der Geometrie, übersetzt von Sohncke, Halle 1839) S. 538 anführt. Noch mehr giebt Bekker im Charikles I, S. 50—51, welcher noch weitere Verweisungen hat, darunter auch auf C. A. Böttiger, Kleine Schriften III, S. 9—13 „Ueber die Rechentafel der Alten".

Aber alles dieses beweist nur, dass die Griechen neben der Rechnung mit den Fingern eine nach decadischem System eingerichtete Rechentafel hatten, auf der $\psi\tilde{\eta}\varphi o\iota$ zum Rechnen dienten, also nur ein Beweis für die unvollkommne Art, von der auch bis dahin in der Abhandlung Cantor's allein die Rede ist. Darauf wird hingewiesen auf die *margaritha philosophica*, von der oben S. 7—8 schon gezeigt ist, dass sie gleichfalls nur für die unvollkommne Art einen Beweis abgeben kann. Im weiteren heisst es zwar: „es sei nichts natürlicher gewesen, als von dem metallenen Abacus auf den im Sand zu kommen" und ferner: „Dann war es auch ein leichter Schritt, die in jeder Columne enthaltenen Punkte durch ein Zahlzeichen anzugeben." Belege fehlen dazu, obwohl, da der metallene Abacus horizontale Linien hatte, die späteren Columnen aber senkrecht stehen, der Schritt von den Linien zu den Columnen so gar leicht doch nicht erscheint, auch im Sand nicht, wenn man auch wirklich früher sollte metallene Tafeln gehabt haben, als man die Linien in den Sand zeichnete. Für den Gebrauch der Buchstaben in den Columnen wird kein Beleg gegeben, für den Gebrauch der Zahlzeichen wird beigesetzt „wie die Quellen (?) sagen"; verwiesen ist aber dabei wieder auf Boethius.

Demnach ist also die Steigerung, die in der 2. Arbeit Cantor's erscheint, in der 1. Abhandlung nicht begründet, in der 2. nur auf die Stelle im Boethius gestützt und erhält eine indirekte Stütze nur noch dadurch, dass Cantor durch eine eingehende Untersuchung es wahrscheinlich findet, dass Pythagoras wirklich den vollkommneren Abacus von den Indern her hat lernen können.

Wie äussert sich nun die 3. Arbeit, die von Krist?

Bei diesem findet sich S. 64—66 im allgemeinen dieselbe Anschauung, wie bei Cantor. Aber er fügt noch wohlbegründete Bedenken bei, nämlich S. 66 den „merkwürdigen Umstand, wie eine so einfache Methode gegenüber der schwerfälligen griechischen bei dem geistreichen Volk der Hellenen so ganz unfruchtbar geblieben sein sollte"; ferners S. 67: „Wie geheim muss die sogenannte Pythagoräische Rechentafel gehalten worden sein, wo einer der grössten Geister des Alterthums, Archimedes, eine Methode sich erdenken musste, um die Art der griechischen Zahlenbezeichnung auch auf sehr grosse Zahlen anwendbar zu machen." Desshalb fährt er vorsichtig weiter S. 67: „Zugegeben, dass den Pythagoräern das Columnensystem nichts Unbekanntes war, so blieb es bei ihnen doch nur eine blosse Rechnungsmethode, weil ihnen die Null fehlte, welche eine spezifisch indische Erfindung ist." Die Frage, wie dieses System sich in den Occident verpflanzte, wird nicht weiter berücksichtigt. Krist legt auch dem Columnensystem keinen bedeutenden Einfluss bei. Vgl. S. 71 u. 72. Um so entschiedener tritt hervor, dass der Stellenwerth der Ziffern selbst nur einmal im Orient bei den Indern erfunden wurde.

In wie weit nun an diesem Ergebniss festzuhalten ist, und welche genaueren Bestimmungen noch möglich sind, soll im Folgenden klar zu machen versucht werden. Die nächste Aufgabe ist die, auf die Stelle in der Geometrie des Boethius zurückzugehen.

Rührt diese wirklich von Boethius her? Hört man Blume in der Ausgabe der *gromatici veteres*, 1848—52, II, S. 65—66 und in der Note 114, und Lachmann, ebendort S. 89—90 und 93—94, so wird nur ein schwacher Glaube daran mehr übrig bleiben. Aber es kann eingewendet werden, dass diese beiden Männer bei ihrer Untersuchung das Manuscript zu Chartres, welches Chasles (Boncke S. 531) „ein sehr vorzügliches Mscr. aus dem 11. Jhrh." nennt, entweder nicht kannten, oder für unwesentlich für ihre Zwecke hielten, während es vielleicht die ursprüngliche Gestalt der Geometrie des Boethius bewahrt hat.

Nach dem, was Chasles S. 524—26 u. 531—38 sagt, ist anzunehmen, dass dieses Mscr. nahe zu denselben Inhalt hat, wie das durch Mannert (1801) und früher schon durch Weidler (1727 u. 1755) benützte Altdorfer, gegenwärtig Erlanger Nr. 288. Von zwei Pariser Mscr. theilt Cantor (II, auf einer Tafel nach S. 136) die vorgefundenen Zahlzeichen mit, über Verschiedenheit im Text ist dabei nichts erwähnt. Sieht man nun, ob diese besseren Handschriften die Geometrie des Boethius so geben, dass sie Boethius zum Verfasser haben kann, so findet man, wenigstens nach dem Erlanger Mscr. dieselben Anstände, die von Lachmann hervorgehoben wurden [2]). Eine genaue Vergleichung dessen, was Lachmann S. 377—392 und 413—416 angiebt, zeigte mir ferner, dass die Anordnung auch in diesem Mscr. keineswegs eine entsprechende ist. Dazu kommen aber auch noch eine veränderte Ausdrucksweise an einer ziemlichen Anzahl von Stellen, häufige Zusätze von est, oportet und ähnlichen nicht eben nothwendigen Ergänzungen, Auslassungen, unverstanden Abgeschriebenes oder einem Sprechenden Nachgeschriebenes,

---

[2]) Eine eingehende Nachweisung würde hier zu weit führen.

endlich Abweichungen wie *circulus* für *linea*, sich schneidende statt sich berührende Kreise. Die Rubriken sind ohne planmässige Ordnung. Fragt man noch weiter nach dem Verhältniss zu den übrigen Mscr., so ergiebt sich aus den Angaben von Blume (Gr. vet. II, S. 66 ff.) und Lachmann (ebendort S. 81 ff.) und der Varianten (I, S. 377 ff), dass allen diesen Handschriften **kein einheitliches Werk eines bestimmten Verfassers zu** Grunde liegt, sondern Auszüge und Zusammenstellungen aus vielgelesenen und vielleicht auch oft vorgetragenen Werken. Nicht blos das, was in den gedruckten Ausgaben des Boethius als *Boethii liber de geometria* bezeichnet ist, ist nicht von Boethius, sondern auch was ausserdem „Geometrie des Boethius" genannt wird, die 2 Bücher, welche auch das Erlanger Mscr. enthält, haben ganz mit Unrecht diesen Namen[3]). Es bleibt nur eine **Uebersetzung des Euklides durch Boethius** übrig, und nur eine solche verbürgt auch Cassiodor (Variar. 1, 45): *Translationibus tuis* (Boethii) *Nicomachus arithmeticus, geometricus Euclides audiuntur Ausoniis.* Aber auch diese ist nicht mit Sicherheit die in dem Erlanger Mscr. und den übrigen codd. vorkommende[4]).

---

3) Wie sie dazu gekommen sind, lehren am besten die Ueberschriften am Anfang des Erlanger Ms. und die im cod. r. Jenes aus dem 11. Jahrh. hat: *Incipit Geometria euclidis a boetio in latinum lucidius translata.* So kann auch der schreiben, welcher ein beabsichtigtes compendium mathematicum mit einem Auszug aus der Uebersetzung des Euklides durch Boethius beginnen will. Aber der cod. r, aus der 1. Hälfte des 13. Jahrh., beginnt: *Incipiunt libri Anicii Manlij severini boecij artis geometricae numero IIII.or ab euclide traslati de greco in latinum.* Lässt man die weitere Ausführung weg, so hat man aus der Geometrie des Euklides eine Geometrie des Boethius.

4) Sehr beachtenswerth erscheint hierüber die Vorrede des Glareanus zum gedruckten Boethius 1546 und die des Judccus, die sich nicht blos im Druck von 1570 S. 1481—86 findet, wie man nach Blume (Gr. vet. II. S. 64 Note 110) zu schliessen geneigt sein wird,

Dieses Resultat ergiebt sich bereits aus der Betrachtung des geometrischen Inhaltes des Mscr., für den doch der Anknüpfungspunkt an den Namen des Boethius noch ersichtlich ist. Um so zweifelhafter erscheint daher Boethius als Autor der arithmetischen Stücke. Die Untersuchung würde am schnellsten zu Ende geführt sein, wenn sich dieselben ohne weiteres als Theile anderer Werke nachweisen liessen, wie ich solche wirklich darin nachzuweisen hoffe. Aber es scheinen die dabei benützten Werke anderweitig nicht mehr erhalten zu sein. Hoffnung zwar machte mir die Anzeige im Serapeum 1854, S. 95—96, von einem Mscr. aus dem XII. Jahrh., das unter anderem in merkwürdiger Weise den Abschnitt *de minutiis* am Ende des 2. Buches bei Boethius vor dem anderen im 1. Buche und durch Verschiedenes davon getrennt enthält. Dieses Mscr. habe ich mir leider nicht verschaffen können[5]), aber auch aus dem Mitgetheilten erhellt schon, dass es ein späteres Werk aus dem XII. Jahrh. ist, dessen Verfasser es sich zur Aufgabe machte, alles ihm bekannte *de arte numerandi* zusammenzustellen und eine eigene Arbeit darüber beizufügen.

Die Stücke aus Boethius können allerdings dem Mscr. des Boethius entnommen sein, aber wahrscheinlicher ist, dass sie aus anderen Schriften herrühren; bemerkenswerth ist wenigstens, dass keine Quelle dabei genannt ist, dass also diese Stücke wie Gemeingut in Arbeiten aufgenommen und weiter verbreitet wurden, so dass, wenn auch die angebliche Geometrie des Boethius die Quelle davon war, kein Werth auf die Autorschaft des Boethius gelegt wurde, oder, wie es bei weitem wahrscheinlicher ist, dieselbe n i c h t g e g l a u b t wurde.

Es könnte hier auch die Schrift *de numerorum divisione* in Betracht kommen, welche unter den Schriften Beda's sich findet,

---

sondern auch im Druck von 1499, dem ältesten, den ich nachsehen konnte, S. 54 (55 ist verdruckt) — 55.

5) Durch die Güte des Herrn Buchhändlers T. O. Weigel in Leipzig erfuhr ich, dass dieses Ms. durch die Antiquariatshandlung Edw. Tross in Paris erstanden wurde. Weiter vermochte ich es nicht zu verfolgen.

wenn nicht Cantor (I S. 71) hinlänglich nachgewiesen hätte, dass Gerbert der Verfasser dieser Schrift ist und aus der Geometrie des Boethius geschöpft hat. In welchem Sinne jedoch dieses letztere wahr ist, wird sich später zeigen. Es ist nichts anderes übrig, als den Text selbst zu untersuchen, ob er von Boethius herrühren kann. Ich könnte zwar mich statt dessen begnügen, nur auf Boeckh zu verweisen, der in dem index lectionum der Berliner Universität für das Sommersemester 1841 die Autorschaft des Boethius nicht anerkennt, für den Abacus eine alte griechische Quelle annimmt, die indischen Zahlzeichen aber dem *compilator, qui hanc* (Boethiani libri) *contexuit Appendicem* zuschreibt. Das Folgende aber wird zeigen, warum noch ein näheres Eingehen in die Sache nöthig war. Die Gründe bei Boeckh sind: *1) quum universa de abaco disputatio male cohaereat cum Boethii de Geometria libro primo et 2) stilo satis horrido scripta sit; 3) qvod idem auctor* (jener compilator) *in tabula minutiarum conficienda veteres quidem variis usos esse characteribus dicit, se vero non uti nisi iis, quos abaco struendo adhibuerit* (Note 11. *Manifesto significat Indicos*) ; *4) quod Boethium ipsum Indicis numerorum notis usum non esse ex libris manuscriptis constat.*

Was nun den ersten Grund betrifft, so ist zuzugeben, dass in eine Uebersetzung des Euklides dieser arithmetische Anhang schlecht passt, aber der Verfasser eines Compendiums der praktischen Feldmesskunst, in dessen 2. Theil viel zu multipliciren und dividiren ist, hat allerdings Grund, der Mittheilung der elementarsten Begriffe der Geometrie eine Anweisung zum Rechnen beizugeben, zumal wenn er eine verlässigere als die gang und gäbe kennt. Dass der Zusammenhang also ein schlechter sei, gilt vollkommen, wenn man das Werk als eine Geometrie ansieht, wie sie Boethius würde geschrieben haben, etwas weniger, wenn man ein blosses Compendium darin sieht; aber auch dann ist der Zusammenhang noch kein guter zu nennen.

Um den zweiten Grund, der auf den Stil Rücksicht nimmt, als vollwichtig nachzuweisen, war eine Vergleichung mit den anerkannt von Boethius herrührenden Werken über die Arithmetik und Musik nothwendig. Ich habe diese angestellt mit Beachtung der vorkommenden Uebergänge, der Erwähnungen der Leser, auffallender Ausdrücke und Perioden, und es ergiebt sich [6]), dass man es mit einem Manne aus späterer Zeit zu thun hat, der die Schriften des Boethius gelesen und dessen Ausdrucksweise gelernt hat, ja unter dem Titel des Boethius schreibt [7]), dieses aber keineswegs mit gleichem Verstande zu thun weiss.

Der dritte Grund kann seine Würdigung erst durch die Untersuchung der betreffenden Stelle erhalten; von ihm also später.

Der vierte Grund endlich bedarf keiner weiteren Darlegung; ich will nur noch verweisen auf Boethius *de arithm.* 2, 4, wo die römischen Zahlzeichen gemeint sind unter *haec signa numerorum, quae nunc quoque homines in summarum designatione describunt*, und auf *de mus.* 4, 3, wo ungeachtet einer möglichen Erleichterung durch neue Zeichen am Hergebrachten festgehalten wird.

Mit diesen Gründen nun sind noch nicht alle Beweise erschöpft, die gegen die Autorschaft des Boethius vorgebracht werden können, vielmehr liegen noch sehr gewichtige im Inhalt der Schrift selbst. Die Stelle, mit der zu beginnen ist, lautet nach dem Erlanger Mscr.:

Sed jam tempus est ad geometricalis mensae traditionem ab Archita non sordido huius disciplinae auctore Latio accomodatam venire, si prius praemisero, quot sint genera angulorum et linearum et pauca fuero praelocutus de summitatibus et extremitatibus [8]).

Hier sind 2 Fragen zu beantworten: 1) Was ist unter der geometricalis mensa zu verstehen? 2) Wie verhält es sich mit

---

6) Der Beweis dafür kann, wenn es nöthig sein sollte, ausführlich gegeben werden.

7) Diess ergiebt sich aus der vorkommenden Verweisung auf die Arithmetik und Musik, und aus der Beibehaltung der Anrede des Boethius an Patricius am Anfang.

8) Gelegentlich sei bemerkt, dass *summitas* hier = Fläche, *de arithm.* 2, 24 aber = Oberstes, Spitze ist.

Arohitas oder Archytas, wie sich gleichfalls geschrieben findet? Von dem letzteren nun zuerst. Es findet sich derselbe nochmals erwähnt im Anhang zum 2. Buch in der Stelle: *reliquum est, ut de unciali et digitali mensura — sicut promisimus, dicamus, mirabilem — figuram, quam Archita praemonstrante didicimus edituri.* Hier ist er deutlich als eine Quelle für den Verfasser bezeichnet. Dass eine Feststellung dessen, was unser Verfasser aus demselben entnommen hat, aus Werken des Archytas nicht möglich ist, erhellt aus dem, was Boeckh p. X — XI und *not.* 12 davon sagt. Wie weit sich aus dem Texte etwas entnehmen lässt, wird erst im Folgenden gezeigt werden können. Da aber der Name Archytas auch in den Büchern *de arithm.* und *de mus.* erwähnt wird, so lässt sich die Stellung vergleichen, die einerseits Boethius, andererseits unser Verfasser zu seinem Archytas einnimmt. *De arithm.* 2, 41 findet sich Archytas als Philosoph gelegentlich erwähnt in einem Zusammenhange, der wenigstens von keiner besonderen Leistung desselben handelt; *de music.* greift Boethius eine Beweisführung desselben an; ein ähnlicher Angriff findet sich 5, 16. Darnach steht Boethius seinem Archytas gegenüber wie ein selbständiger Forscher einem anderen, findet aber eher Anlass zu Widerspruch, als er wie einem Wegweiser ihm folgen kann. Unser Verfasser dagegen findet in seinem Archytas einen *non sordidum auctorem*[9]), der ihm vorgearbeitet hat. *(traditio Latio accommodata),* von dem er eine *mirabilem figuram* gelernt hat. Zu solcher Auffassung stimmen auch die übrigen Erwähnungen des Archytas in der Geometrie p. 1215, 1218 (ed. 1546), wo das *in cunctis utens ratione* lobend ist, während das *cuncta in ratione constituens de music.* 5, 16 tadelnd gesagt ist. Es ist daher offenbar, wie dieser Archytas von dem des Boethius, so auch unser Verfasser von Boethius zu unterscheiden.

Aber sei nun zunächst die *geometricalis mensa* entnommen, woher immer, was ist denn unter derselben verstanden? Boeckh versteht darunter den Abacus; die anderen nehmen von dieser

---

9) Auch Euclides ist ihm *non segnis Geometra.*

Stelle und von Archytas nicht Notiz. Welche Andeutungen giebt der Verfasser selbst? Dieser spricht zunächst von dem, was er vorausschicken will, von den einfachsten Elementen der Feldmesskunst. Es soll dann die *geometr. mensae traditio* folgen; statt dessen aber heisst es: *Nosse autem huius artis dispicientem, quid sint digiti, quid articuli, quid compositi, quid incompositi numeri, quid multiplicatores quidve divisores, ad huius formae speculationem, quam sumus traditori, oportet.* Also nochmals eine vorauszuschickende Einleitung! Und *huius artis* heisst es, als ob die *geometricalis mensa* schon dargelegt wäre. Doch nimmt es der Verfasser nicht so genau mit den Ausdrücken und es wird ja auch aufs neue die *forma* in Aussicht gestellt. Nachdem die neue Einleitung vorüber ist, wird sie nun kommen. Allerdings erscheint *igitur*, aber es kommt eine Hinweisung auf die grosse Bedeutung der Zahlen, von der dann wieder abgegangen wird, weil darüber schon *de arith.* und *de mus.* genug gesagt sei. Endlich heisst es *ad dicenda revertamur*, und es folgt die Stelle: *Pythagorici vero, ne in multiplicationibus et participationibus et in podismis aliquando fallerentur, ut in omnibus erant ingeniosissimi et subtilissimi, descripserunt sibi quandam formulam, quam ob honorem sui praeceptoris mensam Pythagoream nominabant, quia hoc, quod depinxerant, magistro praemonstrante cognoverant, — a posterioribus appellabatur abacus — ut, quod alta mente conceperant, melius si quasi videndo ostenderent, in notitiam omnium transfundere possent, eamque subterius habita sat mira descriptione formabant.*

Darnach scheint es wohl, dass dem Verfasser die Reihe von Ausdrücken *geometricalis mensa, forma, formula, mensa Pythagorea* und *abacus* dieselbe Sache bedeutete. Aber man darf auch fragen, was denn zu dem Namen *geometricalis mensa* berechtigte. Der Gebrauch in der Feldmesskunst (*in podismis*)? Möglich, dass es dem Verfasser so erschienen ist, aber es ist zu bemerken, dass an die elementaren Sätze aus der Feldmesskunst am natürlichsten sich das 2. Buch *de podismis* anreiht mit den Maszen, die am Anfang desselben erwähnt werden, so dass der Gedanke nahe liegt, in jener *mensa* seien die *mensurae* bei jenem Archytas zu finden gewesen, wie die *minutiae* in der 2. Tafel, die der Verfasser von demselben gelernt hat. Aber habe ich denn ein Recht von einer 2. Tafel zu reden? Der Wortlaut des Textes giebt keines dazu, und wenn ich nun daran denke, wie im 1. Buch die *geometricalis mensa* gleichsam den Gedanken entschwindet, und Regeln über das Multipliciren und Dividiren eingeleitet und vorgetragen werden, so werde ich wohl der Wahrheit am nächsten kommen, wenn ich behaupte, von der *geometricalis mensa* sei allein die *figura minutiarum* überliefert und auch diese nicht ohne Zuthat, welche durch Verbindung mit dem Abacus veranlasst wurde, der auch die Mittheilung des übrigen Theiles jener *mensa* verdrängt zu haben scheint, indem er eine allgemeinere, nicht blos den Maszen der Feldmesser dienende Rechnungsweise ermöglichen wollte.

Begründen kann ich diese Behauptung weiter durch die nähere Untersuchung des Abschnittes am Ende des 2. Buches mit der Ueberschrift *de minutiis*. Dieser beginnt, nachdem doch im Anfang des 2. Buches gesagt ist: *Prisci igitur podismatici cautissimi dispectores duodecim mensurarum genera constituerunt*, deren Namen dann angegeben sind, wieder wie von Anfang an:

Veteres igitur geometricae artis indagatores subtilissimi maximeque Pythagorici, cum omnia certis mensurarum dividentes rationibus ad ea, quae natura renueret dividi et secari, usque pervenirent, ingenio praesignante ea, quae naturaliter erant indivisibilia, positis notis nominibusque datis dispartiere. Dann werden zuerst die grösseren Masze angeführt, aber weder alle im Anfang des 2. Buches erwähnten, da *miliarium* und *stadium* fehlen, noch ganz dieselben Namen, da *pertica* dort mit *decempeda*, hier mit *radius* für gleich erklärt wird; dann folgen die Namen der kleineren Masse, zum Theil ganz griechisch wie *stater*, *dragma*, *obolus*; ja bei *semiobolus* ist beigesetzt, *quem Graeci ceratim nuncupant*. Hierauf heisst es weiter: *His ergo minutiis adinventis nominibusque editis multiformes eis notas indidere. Quae quia partim graecae partim erant barbarae, nobis non videbantur latinae orationi adjungendae. Quapropter nos rem obscuram obscuris ignotisque notarum signis involvere nolentes loco earundem notarum latinorum elementorum notas ordine ponemus, ita ut a unciae responderet, b digito etc.* Hier ist also, was der Verfasser sagt, eine aus dem Griechischen entnommene *traditio Latio accommoduta*, und es ist nicht länger zu zweifeln, dass hier ein Abschnitt aus dem Werk des erwähnten Archytas vorliegt, mag dieser nun was immer für eine Persönlichkeit sein. Erinnern will ich nur noch daran, dass sich dieser Abschnitt auch für sich in dem oben S. 13 erwähnten Mscr. findet.

Am Schluss heisst es: *Describatur igitur his literis, quam diximus, loco hoc figura minutiarum hoc modo.* Wirklich findet sich nun in den Drucken und im Erlanger Mscr. die auf Tafel IV mitgetheilte Figur, aber, was gewiss Wunder nehmen muss, nicht allein mit den Buchstaben, von denen der vorhergehende Text spricht, sondern auch mit Zahlen. Darüber belehrt das Folgende, dessen räthselhafte Worte nunmehr sich aufklären, nachdem in dem Vorhergehenden eine Stelle aus Archytas erkannt worden ist.

Wenn es nämlich heisst: *Superius vero digestae formulae in descriptione diverse formatis multifariisque utebantur characteribus. Sed nos non alios praeter quos supra in deformatione abaci depinximus in huiusmodi opus assumere curamus. Assignavimus enim primam huius formae lineam unitatibus, secundam .x., tertiam .c., quartam .I. et deinceps ceteras lineas ceterorum numerorum limitibus limitavimus. In qua si apices primae apposueris lineae, unitates solae tibi occurrent, si lineae secundae, .x., si tertiae, .c., si quartae, mille, et deinceps.* — so sind die *diverse formati multifariique characteres* nicht die oben erwähnten *multiformes notae* für die *minutiae*, sondern die Zahlzeichen, welche Andere an Stelle der in der Tafel befindlichen römischen Zahlzeichen gebrauchten. Denn diese sind es, welche der Verfasser auch bei der Darstellung des Abacus anwendet, die er hier, wie oben erwähnt wurde, und wie aus seinen eigenen Worten hervorgeht (*assignavimus enim — limitavimus*), mit der *figura minutiarum* verbindet.

Von diesen römischen Zahlzeichen, die der Verfasser *in descriptione formulae* gebraucht, unterscheidet er deutlich die *apices*, welche zu den Linien gelegt werden. Da er nun gegen die *diverse formati multifariique characteres* eingenommen scheint, so sollte man erwarten, dass diese *apices* nicht selbst *diverse formati* gewesen seien. Aber der ganze Gebrauch dieses Wortes im Anhang zum 1. Buch lässt, wie sich zeigen wird, als wahrscheinliche Deutung nur die zu, dass die indischen Ziffern damit gemeint sind, die aber dort gleichfalls *diverse formati* genannt werden. Höchstens könnten es *apices* in der Form der römischen Ziffern sein, die den *apices* in der Form der indischen Ziffern nachgebildet wurden.

Hier lässt sich nun von dem 3. Grund sprechen, den Boeckh (s. oben S. 14 u. 15) angeführt hat. Wenn nämlich Boeckh annimmt, dass der Verfasser die indischen Zahlzeichen *in tabula minutiarum conficienda* gebraucht hat, so ist dieses wahrscheinlich richtig, wenn man dabei an die Benützung der *tabula* zum Rechnen denkt, nicht an die Bildung der Tafel selbst, zu der die Buchstaben dienten, und für die Zuthat des Abacus die römischen Ziffern. Denn nur die Buchstaben rühren, wie auch der Text sagt, von Archytas her, das Uebrige ist Zuthat des Verfassers. Aber auch die Anordnung der Buchstaben ist nicht ganz von Archytas, sondern die Anordnung in der 2. Linie und den folgenden rührt gleichfalls vom Verfasser her, wie der weitere Text lehrt. *Sed quia momenti et minuti et ceterorum quantitas in ultimo huius formae positorum non poterat ut aliae multiplicari, rursus a secunda notas earum linea angulariter inscribere proposuimus, ut si quando aliquis vel c. vel ī. deminutionem vel x̄. vel c̄. momentorum vel minutorum vel punctorum et deinceps proferre juberetur, sine ullius obstaculi impeditione ediceret.* Statt des nicht zu verstehenden *deminutionem* wird *denominationem* zu schreiben sein, welches Wort in ähnlichen Verbindungen in der Schrift *de numer. div.* vorkommt (Beda, Basel 1563. I col. 160—163). Dann hat man hiemit die Angabe, wie der Verfasser die Aufgabe löste 10, 100, 1000 etc. *momenta, minuta, puncta* graphisch darzustellen, um dann mit Worten ihre Stelle angeben zu können. Freilich lässt sich fragen, warum denn die Buchstaben nicht, wie in der

1. Linie, auch in den übrigen wiederholt wurden, womit die Aufgabe einfacher noch gelöst wäre. Der Grund liegt vielleicht darin, dass damit auch eine Anordnung der Linien des Abacus von links nach rechts gewonnen wird, welche der auf dem Abacus selbst von rechts nach links angegebenen Ordnung näher kommt, als die von oben nach unten. Denn *angulariter* stehen nun die A neben einander, dann die B, C. u. s. w., wenn sie auch in 2 Theile getrennt sind.

Fragt man nun, welchen Werth und welche Brauchbarkeit denn eine solche Figur haben konnte, so lässt sich für beides nur wenig abnehmen. Man hat eine erkünstelte Zusammenstellung und Veranschaulichung wenig angewendeter Masze vor sich zu angeblich verlässigerer und schnellerer Rechnung mit denselben, zu der aber kein Platz übrig bleibt, wenn man nicht für die Rechnung mit dem einen Masz die Buchstaben der übrigen sich entfernt denkt. Es gehört das Werk einer Zeit an, in der man das Unwesentlichste für bedeutsam fand und mit abgeschmackten Ausdrücken und Darstellungen Unverstandenes deutlich machen wollte. Es scheint auch des Verfassers, wie vor ihm des Archytas Bemühung keinen sonderlichen Beifall gefunden zu haben, da sich die von ihm verworfenen vielgestaltigen Zeichen für die Minutien auch später noch angewendet finden, und der beigezogene Abacus keine Anerkennung in der Praxis gefunden hat.

Im Text folgen nun noch die Reductionszahlen für die Minutien; ich habe aber wieder zum Anhang im 1. Buch zurückzukehren.

Nachdem erkannt ist, dass die Verbindung des Abacus mit der Tafel nicht von Archytas herrührt, sondern von dem Verf. der sogenannten Geometrie des Boethius, verliert die Beweiskraft der Stelle vom Abacus schon einen bedeutenden Theil ihrer Stärke. Denn es ist dann nicht blos wahrscheinlich, dass der *personatus Archytas* den Abacus mit Columnen nicht erfunden hat, wie Boeckh vermuthet (p. XI.), sondern dass er ihn auch nicht einmal kannte. Aber es muss nun die Stelle selber genauer untersucht werden.

Zuerst von den Kenntnissen, die vorausgesetzt werden. Man muss wissen, *quid sint digiti, articuli, compositi, incompositi numeri*, ferner *quid multiplicatores quidve divisores*. Wie weit geht diese Eintheilung der Zahlen und diese besondere Heraushebung der Multiplication und Division zurück? Kennt sie Boethius in der Arithmetik? — Es finden sich 1, 13 die Ausdrücke *numerus primus et incompositus, secundus et compositus*, aber wie das Folgende zeigt, sind unter ersterem die **Primzahlen**, unter letzterem die in **Faktoren zerlegbaren Zahlen** verstanden, also ganz etwas anderes, als in der vorliegenden Stelle gemeint ist. Weitere Andeutungen aber finden sich weder *de arithm.* noch *de mus.* Also muss anderswo nach diesen Namen umgesehen werden.

Plutarch. Apophth. reg. p. 691 W. gebraucht den Ausdruck οἱ τῶν ἀριθμητικῶν δάκτυλοι, aber Bekker (Charikl. I, S. 50) und Boeckh (p. XI not. 13) verkennen nicht, dass hier von den **Fingern der Hände** die Rede ist, mit denen man die Zahlen ausdrückte und rechnete. Dasselbe findet statt in den Stellen lateinischer Autoren, in denen *digitus* gebraucht wird. Das andere Wort *articulus* findet sich vom Rechnen bei *Ovid ex Ponto* II, 3, 18:

At reditus jam quisque suos amat, et sibi quid sit
Utile, sollicitis supputat articulis.

Aber hier ist *articulus* für *digitus* als Theil statt des Ganzen gesetzt, und so mag es auch in anderen Stellen sein, die sich etwa noch finden lassen.

Ein wörtlich entsprechendes griechisches Wort für *articulus* und eine Stelle dafür habe ich nicht finden können[10]). Es müssten also diese Ausdrücke nur bei dem Unterricht in dem Fingerrechnen mündlich etwa gebraucht worden sein und vielleicht

---

10) Von den vorkommenden ähnlichen Ausdrücken πυθμένες und ἀνάλογοι ist zu beachten, dass πυθμένες durchaus nicht blos die *digiti* (Einer), und ἀνάλογοι durchaus nicht blos die *articuli* (Zehner, Hunderter etc.) heissen, sondern πυθμήν ist **jede Zahl**, welche anderen davon abgeleiteten zu Grunde liegt, und ἀνάλογοι sind alle Zahlen, die gleiches Verhältniss zu anderen haben. Es liegen also dabei ganz andere Anschauungen zu Grund als bei *articulus* und *digitus*. Man konnte z. B. nicht sagen: bei 25 ist 2 ἀνάλογος und 5 πυθμήν, wie man sagte: 2 ist *articulus* und 5 *digitus*.

schriftlich in Anweisungen, die nicht mehr erhalten sind [11]). Auch bei Beda finde ich den Ausdruck *articulus* nicht in seinem Werke *de indigitatione*. Das in dieser Schrift angegebene Verfahren ist aber nach dem Scholion des Jo. Noviomagus (Beda, Basel 1563 I col. 168) gerade dasjenige, dessen sich die Alten bedienten. Von dem damals gebräuchlichen Fingerrechnen sagt aber derselbe Noviomagus vorher: *Arithmetici digitum vocant numerum omnem infra denarium. Horum enim quisque digito aliquo exprimitur. — Articulos quoque vocant numeratores, qui in decem aequales partes dividi possunt. Hi enim articulis digitorum exprimuntur. — Sed haec numerandi ratio vulgatissima et pueris nota, quam ob id posui, ut quae esset digitorum et articulorum origo apud arithmeticos indicaretur pueris.* Hier ist also die nöthige Aufklärung. Die Ausdrücke *digiti* und *articuli* bei den Arithmetikern stammen von einer Art des Fingerrechnens, welche die Alten nicht übten, sondern von einer späteren, die aber so allgemein gebraucht wurde, dass sie die Knaben lernen mussten.

Es erübrigen nun noch die Rechnungsbücher über das Rechnen auf den Linien. Keines derselben, das ich einsehen konnte, bedient sich der Ausdrücke *digitus* und *articulus*, und es ist auch eine solche Unterscheidung für das darin dargestellte Verfahren ganz unnöthig. Aber der *tractatus secundus* in der *margaritha* des Reisch von der *arithmetica practica, quam algorithmum dicimus*, welcher das Rechnen mit Ziffern mittheilt, hat im 1. cap. die Eintheilung der Zahlen in *digitus*, *articulus* und *ex his compositus*, und im 2. die Erklärung dazu. Im Folgenden werden zwar noch an einigen Stellen diese Namen gebraucht, es findet aber keine eigentliche Anwendung derselben statt. Daher sind sie denn auch bei Adam Riese (1550) ganz weggelassen. In dem Werk *Elementa Arithmetices* von Peurbach 1536 (Raumer, Gesch. der Pädag. III p. 196) finden sie sich noch, so dass also als unge-

---

[11]) Die späteren Autoren, die Tennulius in seinen Noten zum Jamblichus (Arnhemiae 1668 p. 159) anführt, habe ich nicht nachsehen können.

fähre Grenze ihres Gebrauches die Mitte des 16. Jahrh. angegeben werden kann. Wann aber kommen sie in Gebrauch?

Chasles (S. 530, Note 155) weiss ausser der Stelle im Boethius als frühestes Werk, in dem sie vorkommen, in bemerkenswerther Weise nur das Werk aus „dem 10. Jahrh. oder früher" anzugeben, „das Gerbert zugeschrieben wird." Ebenso Boeckh p. II, not. 1. Das Werk selbst *de numer. divisione* gebraucht diese Namen, wie der Verfasser der sog. Geometrie des Boethius; beachtenswerth ist aber besonders die Stelle in dem einleitenden Brief zu demselben *Ad Constantinum suum*, den *Montucla, histoire des math.* I, 501, Büdinger „Ueber Gerberts wissensch. und polit. Stellung" Kassel 1851 S. 28, Note 102 und Cantor, I S. 71 erwähnt. Diese Stelle lautet bei Beda folgender Massen: *Nec putet philosophus sine litteris haec alicui arti vel sibi esse contraria. Quid enim dicet esse digitos, articulos, minuta, qui auditor maiorum fore dedignatur? Vult tamen videri solus scire, quod mecum ignorat: ut ait Flaccus. Quid quum idem numerus modo simplex modo compositus: nunc digitus, nunc constituatur ut articulus?*

Montucla fasst den Inhalt in folgender Weise: *Il y remarque, que le même nombre devient tantôt articulus, tantôt digitus, minutum, c'est à dire centaine, dixaine, unité.* Worauf derselbe sich dabei stützte, weiss ich nicht. Denn dass dieselbe Zahl auch *minutum* werden könne, sagt ja der Brief gar nicht, und so viel aus den Worten im Pseudoboethius und in der Schrift *de numer. div.* vermuthet werden kann, ist *minutum* der Einer des Divisors. (Man vergleiche das unten bei den Regeln über die Division Gesagte.)

Es ist also ein Ausdruck beim Dividiren und hat mit dem Gebrauch der Ziffern nichts zu thun. Daher ist ein besserer Sinn jener Briefstelle zu suchen, und ich glaube ihn im Folgenden gefunden zu haben.

Gerbert hat eine Persönlichkeit im Auge, die den *abacus* angegriffen, und das unter *digitus, articulus, minutum* Begriffene nicht gelten liess, sondern Widersprüche darin finden wollte. Weil der Gegner nur an das Elementarste sich hält, wird ihm vorgeworfen:

auditor maiorum fore dedignatur, und ihm dann gezeigt, dass er das Wesentlichste des Verfahrens, den Gebrauch derselben Zahl für sich (*simplex*) und mit anderen (*compositus*)[12], als Zahl unter Zehn (*digitus*) und als durch 10 theilbare Zahl (*articulus*) gar nicht begriffen hat.

Sieht dieses alles nicht völlig darnach aus, dass etwas Neues damals aufkam, das von den ins Alte Hineingelebten Widerspruch erfährt, die eine ihnen bekannte Terminologie in veränderter Bedeutung angewendet finden? Dass die Ausdrücke *digiti* und *articuli* bei der Fingerrechnung gebraucht wurden, ist oben dargethan, von *minutum* war vielleicht Aehnliches der Fall (worüber ich Näheres nicht auffand). Gerbert konnte sie also in neuer Weise angewendet haben. Doch es ist zunächst genug, gezeigt zu haben, dass für diese Ausdrücke ausser der sog. Geometrie des Boethius die Schrift Gerberts das älteste Document ist.

Es wäre nun weiter auf die Eintheilungen und die Definitionen des Verfassers jener Geometrie einzugehen, doch würde dieses hier zu weit führen und ich kann nur als das Ergebniss der näheren Betrachtung aussprechen, dass die Ausdrücke *incompositi* und *limites* in dem Sinne, in dem sie bei dem Verfasser sich finden, von Anschauungen herrühren, wie sie nur bei der Anwendung der griechischen Buchstaben als Zahlzeichen möglich waren. Diese Ausdrücke sind aber verbunden mit den Ausdrücken *digiti* und *articuli* aus der späteren Fingerrechnung. Entweder reicht also diese doch in ziemlich frühe Zeit zurück (feste Anhaltspunkte dafür habe ich bisher keine finden können), und mit der Anwendung der Buchstaben des Alphabetes hat sich auch für das Multipliciren und Dividiren ein Verfahren mit senkrechten Columnen gebildet, oder der Verfasser hat Anschauungen früherer Zeit mit den durch das Verfahren mit Columnen neu gewonnenen vermengt.

Die Möglichkeit des Ersteren, so weit es das Verfahren mit Columnen betrifft, hält Boeckh in der erwähnten Schrift (p. XI)

---

12) Dieses Wort hat demnach hier eine andere Bedeutung als das oben S. 17 in Verbindung mit *digitus* und *articulus* erwähnte *compositus*.

aufrecht. Einen Beleg dafür findet derselbe auch in dem von Otfried Müller aufgefundenen Bruchstück einer Inschrift, welches den Anlass zu seinen Erörterungen gab. Er sieht nämlich darin Posten ähnlich wie bei uns angeschrieben, nur dass die Einer links von den Zehnern stehen, und zu gleichem Zweck, wie bei uns, nämlich zuerst die Einer, dann die Zehner zusammenzuzählen, wobei die Stelle der Null bei den Einern ein verticaler Strich vertritt. Die Möglichkeit eines solchen Verfahrens, wenn man einmal Posten mit den Buchstaben als Zahlzeichen untereinander schrieb, lässt sich allerdings nicht läugnen, aber ebenso möglich ist es auch, dass man die Posten auf der Rechentafel mit den Rechensteinen addirte und dann die Summe wieder in Buchstaben ausgedrückt unter die Posten setzte. Bedenkt man, dass ein solches Verfahren noch im 16. Jahrh. beim Rechnen auf den Linien sich findet[13]), so darf man es wohl sogar wahrscheinlich nennen, dass auch bei den Griechen die eigentliche Rechnung mit den Rechensteinen ($\psi\tilde{\eta}\varphi o\iota\varsigma$) vollzogen und nur das Ergebniss in Buchstaben oder den anderen Zahlzeichen ausgedrückt wurde. Boeckh selbst führt Aehnliches von der Multiplication und Division an. Dazu übersehe man die Unbequemlichkeit nicht, welche das Addiren von besonderen Zehnern, Hundertern und Tausendern hat; denn erst bei den Zehntausendern hätte der Grieche wieder addiren können, wie bei den Einern, und auch dann nur, wenn er $\delta\acute{v}o$ $\mu v \varrho\iota\acute{a}\delta\varepsilon\varsigma$ etc. statt $\delta v\sigma\mu\acute{v}\varrho\iota a$ etc. sagen wollte. Es scheint mir nicht zu viel behauptet, dass ein Addiren und Subtrahiren von Einern zu Einern, Zehnern zu Zehnern u. s. w. erst dann vortheilhaft war, als man dieselben Zeichen für Einer, Zehner u. s. w. gebrauchte. Ich glaube sogar, dass man eher in unserer jetzigen Weise multiplicirte als addirte, und dieses erst durch jenes lernte.

Aber Boeckh gesteht für die Griechen auch ein Multipliciren und Dividiren nach unserer Art zu, p. V, seq. Das Hauptsächlichste hiefür ist unzweifelhaft der Nachweis, dass die Griechen

---

13) Man sehe das Additionsbeispiel auf Tafel II.

wirklich *digitorum notas substituebant articulis*. Dass wörtlich entsprechende griechische Ausdrücke für *digiti* und *articuli* in dem hier nothwendigen Sinn sich nicht finden, wurde oben S. 22 erwähnt. Boeckh stützt sich dafür auch allein auf den Anhang im Boethius. Das Verfahren ferner, das bei Boeckh in der Note 6 auf Apollonius (in der 2. Hälfte des 3. Jahrh. vor Chr.) zurückgeführt ist, und ebenso die *tabula*, die nach Ideler eben dort erwähnt wird, ist nur eine Abkürzung der Multiplication sowohl beim Kopfrechnen als beim Fingerrechnen und beim Rechnen mit den Rechensteinen. Dem ersteren liegt die Beobachtung zu Grunde, dass $a \cdot 10^m \times b \cdot 10^n = a \cdot b \times 10^n$. 10^n, und der zweiten die weitere, dass $a \cdot 10^m \times b \cdot 10^n = a \cdot b \cdot 10^{m+n}$. Ich muss also die zweite Möglichkeit (s. oben S. 25): dass der Verfasser der Geometrie Anschauungen früherer Zeit mit den durch das Verfahren mit Columnen neu gewonnenen vermengt hat, für wahrscheinlicher halten.

Diese Wahrscheinlichkeit wird dadurch noch verstärkt, dass der Verfasser die *incompositi* im Folgenden gar nicht verwerthen kann, und sie daher ausserdem blos des Gegensatzes wegen neben den *compositi* erwähnt haben würde.

Im Text folgen nun die Antworten auf die Fragen, *quid sint multiplicatores quidve divisores*, aber keine Definitionen, sondern nur Angaben, welche Zahlen *multiplicatores* und *divisores* sein können. Wozu aber diese? Wozu die Hervorhebung von Multiplication und Division? Die Griechen verstanden sich längst auf das Potenziren und Radiciren, was ist es denn, das gerade das Multipliciren und Dividiren bedeutend macht? Sicherlich liegt der Grund davon in Neuerungen, welche gerade diese Rechnungsoperationen betrafen. Können diese in einem Abacus gesehen werden, der schon seit Pythagoras bekannt ist, der kein Geheimniss bleiben sollte (s. Krist, S. 67, oben S. 10), sondern den man suchte *in notitiam omnium transfundere* (s. oben S. 17)? Die blossen Abkürzungen, die vorher erwähnt worden sind, können als Epoche machende Neuerungen doch schwerlich angesehen werden. Das nächste also, das die Geschichte darbietet, sind die veranschaulichenden Tafeln und Formeln, mit denen sich die Pythagoreer der späteren Zeit (wie Archytas, dem Boeckh p. XI als späteste Zeit das 1. Jahrh. nach Chr. anweist) zu helfen gesucht haben, wie aus dem Versuche für die *minutien* (oben S. 18 — 20) zu entnehmen ist. Aber ist denn das Folgende diese *mensa Pythagorea?*

Bemerkenswerth hiefür sind die Worte des Textes *descripserunt formulam, quam ob honorem sui praeceptoris mensam Pythagoream nominabant, ... — a posterioribus appellabatur abacus —* (Vgl. oben S. 17).

Also ein Wechsel der Benennung! Wie konnte es dazu kommen, und wer mögen die *posteriores* gewesen sein, welche dieselben vornahmen? Die beiden Ausdrücke *mensa* und *abacus* unterscheiden sich in der Art, dass man *mensa* für veranschaulichende Uebersichten, *abacus* für die Tafeln zu Rechnungsoperationen gebrauchte. Der Verfasser nun legt nicht den Gebrauch des Wortes *abacus* an sich den Späteren bei, sondern den Gebrauch desselben für das, was sonst *mensa Pythagorea* hiess. Wann konnte dieses geschehen sein? Ohne dass eine Aenderung an der *mensa* vorgenommen wurde, wäre die Aenderung des Namens eine blosse Willkühr gewesen. Es muss also eine Aenderung nachgewiesen werden, und zwar eine solche, welche die blos veranschaulichende *mensa* zu einem für das Operiren tauglichen *abacus* machte, eine Aenderung, welche zeigte, dass man dasjenige, was man zur Verdeutlichung sich entworfen hatte, auch zum Ausführen einer Rechnung benützen konnte.

Wann und von wem aber wird ein solcher Versuch in der Geschichte erwähnt? Apulejus und Boethius sind nach den übereinstimmenden Angaben über sie blos die Ueberlieferer früherer Leistungen; der erste, der auf diesem Gebiet als Neuerer genannt wird, ist Gerbert, und von diesem heisst es bei William von Malmesbury (s. Chasles S. 528 Note 152): *Abacum certe primus a Saracenis rapiens regulas dedit, quae a sudantibus abacistis vix intelliguntur;* und bei Richerus (Pertz, monum. Germ. hist. III, 618): *mille corneos effecit characteres, qui per viginti septem abaci partes mutuati cuiusque numeri multiplicationem sive divisionem designarent,* in welchen Worten Cantor keine Beschreibung der römischen Rechentafel hätte finden sollen, die ja *calculi* und keine *notae* und *characteres* hatte.

Offenbar bieten diese Angaben von selbst, was gesucht ist, eine Tafel, welche die Vortheile der *mensa Pythagorea* und des *abacus* verbindet, welche das Aussehen von jener hat, und dazu die Verwendbarkeit von diesem, daher auch nach letzterem sich nennt. Wären keine Bedenken gegen die Verlässigkeit obiger Angaben erhoben worden, so würde ich schon jetzt mit Zuversicht sagen, dass unter den *posteriores* kein Anderer als Gerbert mit seinen Schülern und Anhängern zu verstehen ist, dass der Verfasser der Geometrie die Neuerungen dieser benützt[14]), aber dieselben früheren Leistungen so einfügt, dass ihr Ursprung verwischt wird[15]).

Aber wenn es nun genugsam erhellt, warum der Verfasser der Geometrie gerade das Multipliciren und Dividiren hervorhebt, so ist doch anderes noch unklar und besonders noch nicht nachgewiesen, wie es sich mit dem *abacus* selbst verhält. Nur soviel steht fest, dass, wenn das bisher Aufgefundene sich bestätigen soll, dann in den Worten des Textes die Vermengung zu finden sein muss von dem, was der *mensa Pythagorea* zukam, mit dem, was den Namen *abacus* herbeiführte. Damit es aber nicht scheinen kann, dass mit vorgefasster Meinung zu Werk gegangen wird, muss der Text selbst weiter dargelegt werden.

Ich komme also zur Tafel des *abacus*. Dass man als solche nicht die Tafel der *multiplices* nehmen darf, welche in der gedruckten Ausgabe des Boethius von 1546 steht, während die von

---

14) Er selbst gebraucht den Ausdruck *abacus* für die *mensa Pythagorea*.
15) Die Schuld davon scheint Gerbert selbst mitzutragen, der, wie sich aus einem Briefe desselben ergeben wird, so wenig von seinem *abacus* und der Anweisung ihn zu gebrauchen, besonderen Ruhm hoffte, dass er ihn *aliquot lustra* von seiner Seite unbeachtet liess.

1499 den Platz frei lässt, hat Chasles (S. 531 ff.) überzeugend dargethan. Vielmehr handelt es sich um die Tafel, welche in den vorzüglichsten Handschriften sich findet, und deren Abbildung nach dem Erlanger Mscr. auf Tafel III gegeben ist.

Was das Aeussere derselben betrifft, so muss bemerkt werden, dass die Ausführung nicht die Sorgfalt zeigt, mit der sonst das Mscr. geschrieben und auch die *figura minutiarum* ausgeführt ist. Doch sind die Schriftzüge so ähnlich, und auch an anderen Stellen finden sich nachlässiger gezeichnete Figuren in solcher Weise, dass dieselbe Hand, nur eilfertiger, zuvor Uebergangenes nachträglich eingetragen zu haben scheint.

Die Namen der Zahlzeichen, welche in der ersten Reihe stehen, sind noch nicht vollständig aufgeklärt. Das Bedeutendste hierüber bietet Büdinger in seiner S. 24 bereits erwähnten Schrift. Derselbe theilt nämlich das Urtheil des H. Prof. Gildenmeister mit, nach welchem *arbas*, *quimas*, *zebis* (wofür im Mscr. *zenis* steht), *temenias*, *sipos* die arabischen Zahlwörter *arbaa*, *chamsa*, *zeba*, *temenia*, *siphor (siphra)* für 4, 5, 7, 8 u. 0 sind, *igin* grosse Aehnlichkeit mit dem persischen Worte *yagán* für 1 hat, *andras* vielleicht aus *annadir* „der entgegengesetzte Punkt entstanden ist, *caltis* und *ormis* in dieser Edition wenigstens unlösbar sind. H. Prof. Spiegel, dessen Ansicht ich mir hierüber erbat, stimmte diesem Urtheil bei, und äusserte noch dazu, dass, wenn auch die übrigen Namen aus Sprachen, die dem Arabischen verwandt sind, konnten genommen sein, *sipos* sicherlich nur aus dem Arabischen stamme, ferner dass die Form *quinas* für *chamsa* möglicher Weise in Spanien sich gebildet haben könnte.

Meinerseits vermag ich nur die Abweichungen noch beizufügen, welche sich in den mir bekannt gewordenen Büchern vorfinden. Im Mscr. von Chartres steht *sipos* nicht neben, sondern über *celentis*, wie wenn der Schreiber Anstand genommen hätte, dem daneben stehenden Zeichen diesen Namen zu geben, das ihm vielleicht als blosses Schlusszeichen erschien; ferner ist *quimas* geschrieben für *quinas* und im Gedichte, das Chasles S. 541 mittheilt *termenias* und *calcis*. In einem Excerpt endlich, das mir Hr. Bi-

bliothekar Dr. Röszler gütigst mittheilte, und das aus *Cod. Arundel.*
343 (*Catal. Pl.* 3) *s.* XII, *Tractatus de urte arithmetica*, entnommen ist, fand ich als abweichend die Namen *zemenias*, *chalcus* und gleichfalls *quimas*, ferner *iein* oder *icin*.

Mag nun aber das Urtheil über diese Namen noch ausfallen, wie immer, so viel scheint mit Sicherheit anzunehmen, dass die Quelle davon das Arabische ist und dass, weil nach der Geschichte römisch-germanische und arabische Cultur zuerst an den Gränzen Frankreichs und Spaniens zusammentrafen, dort der Uebergang derselben in das christliche Europa zu suchen ist. Als Vermittler desselben wurde Gerbert genannt und angenommen, bis Chasles dieses in Zweifel zog und auf Boethius aufmerksam machte. Seitdem hat Cantor den Beweis geführt, dass Gerbert sein Wissen aus Boethius genommen hat (I, S. 71), und Krist (S. 71) hält dieses für bis zur Evidenz erwiesen, Büdinger dagegen erweist (S. 30), dass die Meinung, Gerbert habe das arabische Ziffernsystem zuerst in Europa eingeführt, vollkommen begründet ist.

Die Entscheidung, welcher Ansicht beizupflichten ist, lässt sich nur nach der genauen Untersuchung des ganzen Textes geben; die Beweise müssen sich bei den einzelnen Punkten ergeben; hier ist nur auf den ersten Beweisgrund Cantors einzugehen, dass nämlich zur Zeit Gerberts die Jnder, Araber und Mauren schon die Null oder den Punkt dafür hatten, von der das Werk Gerberts (*de num. div.*) keine Spur enthält. Es scheint nämlich nach den vorliegenden Angaben allerdings erwiesen, dass die Araber wenigstens im 9. Jahrh. nach Chr. die indische Rechenkunst kannten; aber es müsste genauer angegeben sein, in welcher Weise diese bei Mohamed ben Musa und Alkindi angewendet wird, um mit Bestimmtheit sagen zu können, dass und wie sie damals auch im ganzen Araberreiche schon verbreitet sein musste. Nach meinen Hilfsmitteln weiss ich von Mohamed nur, dass er seine astronomischen Tafeln nach dem indischen System einrichtete (Chasles S. 562), und von Alkindi, dass er *de arithmetica indica* geschrieben hat, so dass, wenn nicht blos mir weiteres unbekannt ist, die Aufforderungen von Chasles (S. 568 Note 203) und Humboldt (Crelle, IV S. 230) eine Erneuerung dringend bedürfen. Jedenfalls muss der Umstand Bedenken erregen, dass die vollkommene indische Rechnungsweise erst im Anfange des 13. Jahrh. den europäischen Christen bekannt wurde. Ist also dieselbe wirklich in jenen arabischen Werken schon enthalten, so kann sie nur sehr allmählig im Reiche der Araber verbreitet worden sein, und es ist dann sogar das Wahrscheinlichere, dass in der spanischen Mark ein früheres Columnensystem mit den 9 Ziffern zu Gerberts Zeiten, also gegen Ende des 10. Jahrh. das einzig bekannte und gebrauchte gewesen ist. Dass aber Gerbert nicht an den Hochschulen der Araber, sondern nur in der spanischen Mark seinen Abacus hat lernen können, darüber sind die besten Beweise von Büdinger (S. 7—31) beigebracht, wenn auch über Einzelnes noch abweichende Ansichten müssen geäussert werden. Dass ferner dabei **Namen und Zeichen der Null ohne Gebrauch im Rechnen** vorhanden sein konnte, ergiebt sich am deutlichsten aus dem Scholion des *Neophytus* aus dem 14. Jahrh., der das Zeichen 0 und den Namen τζύφρα oder τζύμφρα kennt, es aber nur als Zeichen **oberhalb der Ziffern** an Stelle eines Striches anwendet; worauf auch Humboldt (Kosmos II, S. 456) aufmerksam macht.

Damit wird wenigstens die **Möglichkeit** dargethan sein, dass Gerbert seinen *abacus* in Spanien lernen konnte, ohne von der Null, deren Namen und Zeichen möglicher Weise dort schon bekannt war, für seinen Zweck Gebrauch zu machen. Es ist aber jetzt zu den **Zeichen** weiter zu gehen.

Krist hält dieselben (S. 70) für verschieden von den indisch-arabischen Zahlzeichen; dagegen sagt Büdinger S. 33: „Aber nicht nur die Namen sind arabischen Ursprunges, auch die Zeichen selbst sind es. — (Ich) glaube, dass man sich leicht von der Richtigkeit meiner Behauptung überzeugen kann, wenn man die Zahlzeichen der Araber so umdreht, dass rechts nach links und oben nach unten zu stehen kommt und hiebei dem Geschmacke des Abschreibers einige Verzierungen zu Gute hält."

Um hier, wenn nicht entscheiden, doch eine begründete Ansicht äussern zu können, ist eine Zusammenstellung der Ziffern nothwendig und ich gebe eine solche auf Tafel VI so vollständig, als es die mir zu Gebote stehenden Mittel erlaubten und ich es für den vorliegenden Zweck nöthig fand. In der ersten Reihe stehen die Ziffern, welche sich im Erlanger Mscr. 288 auf der Tafel, in der 2. Reihe die, welche sich ebendort im Text finden; in der 3. u. 4. diejenigen, welche bei Chasles (Sohncke) angegeben sind, in der 5. u. 6. die Ziffern, welche Cantor aus 2 Pariser Mscr. im Bericht der 34. Versammlung deutscher Naturforscher und Aerzte mittheilt, in der 7. u. 8. stehen die iudisch-arabischen Zahlzeichen und der Gobar nach der Grammatik von Silvester de Sacy (Paris 1831), in der 9. nach Boeckh's Programm die indischen Zahlen des Neophytus (14. Jahrh.), die nach Humboldt (Kosmos II, p. 456) ausser der 4 ganz den jetzigen persischen Ziffern ähnlich sind, in der 10—12. die des Maximus Planudes (14. Jahrh.) nach einer gütigen Mittheilung des Hrn. Bibliothekar Dr. Röszler und den Angaben Cantor's in dem erwähnten Bericht. Darauf folgen Zahlenreihen, die ich theils aus dem Archiv für ältere deutsche Geschichtskunde von Pertz, theils aus Excerpten, die mir Hr. Dr. Röszler mittheilte, theils aus Mscrn. und Drucken der Erlanger Universitäts-Bibliothek entlehnte, bei deren Benützung Hr. Bibliothekar Müller mich freundlichst förderte.

An der Seite sind bemerkenswerthe Zifferformen angefügt, die in der Diplomatik einiger Benediktiner des heil. Mauri, in Walther's Lex diplom. und in der Tabelle stehen, die Hr. Oberamtmann Mauch im Anzeiger für Kunde der deutsch. Vorzeit (Germ. Mus.) 1861 Nr. 2 mittheilte.

Das Zeichen für die Null bietet seiner Gestalt nach wenig Anhaltspunkte zu Schlussfolgerungen. Das Zeichen für 10 aus dem 10. Jahrh. scheint ein einfaches zu sein, das nicht in ein Zeichen für 1 und eines für 0 zerlegt werden darf; doch lässt sich diese Frage nur durch nähere Einsicht in das Mscr. selbst beantworten. Dass in dem einen Mscr. des Boethius $\varDelta$, in dem anderen α eingeschrieben ist, kann daher kommen, dass man dieses Zeichen durch eine beliebige Einzeichnung von dem blossen Ring unterscheiden wollte, den man zu Anderem vielleicht schon verwendet hatte [16]). Die Striche durch das Nullzeichen (*saec.* XII u. XIV) sind nur Verzierungen. Aber hervorzuheben ist, dass die Null im Text des sog. Boethius fehlt, dass sie im Gobar [17]) und bei den Zeichen des Planudes und im *Cod. Arund.* nicht vorhanden ist, und dass die Null des Neophytus nicht Stellvertreterin von Ziffern ist, sondern als ein Zeichen oberhalb der Ziffern angebracht wird, um den Werth derselben zu verzehnfachen [17]).

Das Zeichen für 1 ist im Wesentlichen durchgehends dasselbe.

Das Zeichen für 2 bietet ausser einigen absonderlichen Formen (in den Reihen 13, 15, 18) 2 Hauptgestalten. Die eine findet sich in allen Handschriften des Boethius, im Gobar und in den Reihen 10, 14, 19, und ist offenbar die Quelle zu dem 2 der späteren und heutigen Schrift, mit der auch das Mscr. des Planudes 303 geschrieben ist. Die zweite findet sich bei den Arabern, bei Neophytus, und in den Reihen 12 u. 17. Die Möglichkeit, die erste aus der zweiten durch Umstellung abzuleiten, kann nicht geleugnet werden.

Das Zeichen für 3 ist seit dem XII. Jahrh., wie es scheint, ziemlich allgemein von der Form gebildet, welche diese Zahl im Gobar hat; denn die Nebenform, welche sich Reihe 17 findet und die Formen in Reihe 5 u. 14 scheinen blosse Wiederholung des 1 zu sein, und die Zeichen in Reihe 3 u. 18 sind Absonderlichkeiten, die beim Mangel der nöthigen Zwischenglieder zunächst Räthsel bleiben, vielleicht auch willkührlich ausgesonnen und angewendet wurden. Aber die übrigen Formen theilen sich

---

16) Bei Beda findet sich ○ als Zeichen der *sextula* ($^1/_6$ *uncia*), bei Neophytus und den Arabern bezeichnet ○ die Zahl 5.

17) In der Funktion, die das Nullzeichen des Neophytus hat, nimmt Humboldt auch den Punkt des Gobar für Null an. (Crelle, Journal, IV. S. 224.).

nun noch in die Gestalten Reihe 4 und Reihe 7, und es ist nicht abzusehen, durch welche Drehung des letzteren Zeichens das erstere sollte entstanden sein. Aber das erstere kann entstanden sein durch Nichtbeachtung des obersten Striches der Form im Gobar und diese lässt sich wieder durch Umlegen aus dem Zeichen in Reihe 7 ableiten, und zwar gerade so, wie das 2 in Reihe 4 aus dem in Reihe 7. Darnach ist im Gobar die Urform für die Zeichen in den Mscrn. des Boethius erhalten, und nur durch seine Vermittlung ist die arabische Form die Quelle zu diesen.

Das Zeichen für 4 schwankte offenbar eine Zeit lang zwischen den Formen in Reihe 20 und 22, von denen die letztere eine sichtliche Ableitung von der ersteren ist. Vgl. die Zeichen bei Mauch, saec. XV. Die Urform bietet wieder die Ziffer des Gobar und das eine arabische Zeichen, von denen der 2. Hacken weggelassen wurde. Die volle Form giebt aber die Erklärung zu den Zeichen bei Boethius und in den Reihen 10, 13 und 14. Das zweite arabische Zeichen lässt sich durch Umdrehung aus dem anderen entstanden denken. Das Zeichen in Reihe 12 kann als Mittelglied zur Erklärung des Zeichens bei Neophytus dienen.

Das Zeichen für 5 weist die grösste Mannichfaltigkeit der Gestalten auf. Doch scheint folgende Entwicklung stattgefunden zu haben. Das Zeichen des Gobar hat zu dem Zeichen bei Boethius geführt und zu den in Reihe 10, 13 u. 14., weiter dann zu den Zeichen in Reihe 16, von denen das eine die Entstehung der eckigen Fünfer mit 3 Strichen und das andere die der Fünfer in Gestalt eines ζ deutlich macht; endlich auch noch zu der einfachen Form in den Reihen 11, 19, 20. Diese Form aber wurde offenbar wegen der ähnlich gewordenen Form für 7 als unzweckmässig befunden und desshalb, wie es scheint, umgekehrt. Wenigstens werden dadurch die Formen erklärt, die Mauch aus dem XV. u. XVI. Jahrh. mittheilt, vielleicht auch die seltsame aus saec. XIII. Denn nicht aus der einem ζ ähnlichen Form scheint 5 entstanden, wie nahe liegend dieses auch durch die zierliche Form erscheint, die Mauch aus dem XIV. Jahrh. angiebt, sondern aus dem 3. Zeichen nach Mauch, saec. XV, durch die Zwischenglieder der ersten 3 Zeichen nach Mauch, saec. XVI. Die beiden arabischen Zeichen können wohl durch keine Wendung und Drehung zu den Zeichen bei Boethius umgestaltet werden; sie haben im Abendlande keinen Anklang gefunden, und finden sich nur, wo man überhaupt die arabischen Formen anwendete, wie in den Reihen 9, 12, 17.

Das Zeichen für 6 hat seine jetzige Form schon früh erhalten, und auch hier kann die Grundform im Gobar gefunden werden, da den Grund, warum man den Zug desselben umgekehrt hat, die Formen in den Reihen 4 u. 10 ersehen lassen, wo die Form für 6 mit der für 5 ganz gleich wäre, wenn man sie nicht umgekehrt hätte. Möglich ist aber auch, dass die grössere Bequemlichkeit des Zuges von links nach rechts den bei der Schreibweise des Abendlandes wider die Hand gehenden Zug von rechts nach links umgekehrt hat. Möglich endlich ist auch, dass andere Exemplare des Gobar die umgekehrte Form boten. Jedenfalls ist bemerkenswerth, dass die Form im Gobar, in der Schrift aus saec. X gleichfalls sich findet. Die Entstehung der Formen bei Boethius aus dem arabischen Zeichen hat jedenfalls viel geringere Wahrscheinlichkeit für sich. Welche Gestalten sich aus diesem gebildet haben, zeigen die Formen in den Reihen 9, 12 u. 17.

Das Zeichen für 7 erscheint mehr oder minder deutlich als Winkel, dessen Oeffnung aber bei den einen aufwärts, bei den anderen abwärts steht, bis die Stellung mit der Oeffnung nach links angewendet und beibehalten wurde. Hier ist allerdings die Form bei Boethius durch einfache Umkehrung der arabischen Form zu erhalten, aber ebenso einfach aus der Figur des Gobar, indem man an die Stelle des bogenförmigen Zuges Gerade treten liess, die einen Winkel bildeten. Veranlasst dazu konnte man sein durch die leicht mögliche Verwechslung des gebogenen Siebeners mit dem Neuner, dessen oberer Bogen nicht gerade geschlossen sein musste.

Das Zeichen für 8 ist von der frühesten Zeit her fast ganz gleich geblieben und die arabische Form hat keine Verbreitung im Abendland gefunden. Zu seiner Erklärung wird es nicht mehr nöthig sein mit Büdinger (S. 34 Anm.*)) an den Anfangsbuchstaben von octo zu denken, sondern der Gobar zeigt sowohl die beiden Ringe, als auch giebt er durch das Auseinanderhalten derselben die Erklärung zu der einem g ähnlichen Form für 8.

Das Zeichen für 9 endlich hat kaum mehr Veränderung erfahren als das für Eins und kann ebenso gut aus der gewöhnlichen arabischen Schrift als aus dem Gobar entnommen sein.

Fasst man nun das Ergebniss zusammen, so kann es nicht wohl zweifelhaft erscheinen, dass nicht die indisch-arabischen Ziffern, sondern die in dem gleichfalls arabischen Gobar vorkommenden Zeichen als Quelle für die Zeichen bei Boethius und unserer jetzigen Ziffern anzusehen sind. Dadurch kommt nun aber auch erwünschtes Licht auf das bei Boethius vorkommende Nullzeichen, welches nichts anderes ist als der Punkt des Gobar und daher nur beim Anschreiben von Zehnern und Hundertern u. s. w., nicht aber bei der Rechnung auf der Rechentafel gebraucht wurde. Es verhält sich also mit demselben ebenso, wie mit dem Ring bei Neophytus, und es wird nun noch deutlicher sein, worauf oben schon hingewiesen wurde, dass es bei den Arabern ein Verfahren gab, welches Namen und Zeichen der Null kannte, ohne in der Rechnung davon Gebrauch zu machen, und dass nur dieses Gerbert mit den Ziffern der 9 Einer entnommen hat.

Aber Büdinger beweist „mit unbestreitbarer Gewissheit" S. 28—30, dass Gerbert „sich der arabischen Zahlen in ihrer arabischen, nicht in der heutzutage üblichen Form bediente." Er stützt sich dabei auf einen Brief Gerberts, den er nach Du Chesne's Angabe in folgender Weise mittheilt.

Remigio monacho Trevirensi [1]. *Bene quidem intellexistis de numero D* (D fehlt bei Masson), *quomodo se ipsum metiatur* [2]. *Semel namque unus unus est, sed non idcirco* (non fehlt bei Masson), *omnis numerus se ipsum metitur, qui sibi aequus est* [3]. *Nam cum semel IV* (M.: IIII) *sint IV* (M.: IIII), *non ideo IV* (M.: IIII) *metiuntur IV* (M.: IIII), *sed potius duo* [4]. *Bis enim bini* (M.: duo) *IV* (M.: IIII) *sunt* [5]. *Porro I. litera*

(I. fehlt bei M.), *quam sub figura X adnotatam reperisti, X signifi-cat unitates, quae, in sex et IV* (M.: IIII) *distributae, sesquialte-ram efficiunt proportionem* [ᵃ]. *Idem quoque in VI* (M.: III) *et duobus perspici licet, ubi unitas est differentia.*

Büdinger bemerkt nun dazu, der Grund, warum die Zeichen D u. I bei Masson fehlen, sei der, dass Masson die dem D fast völlig gleiche arabische Form der Ziffer 5 und die einem Eins mit einem Punkt ähnliche arabische Form der Ziffer 10, die beide in der Hdschr. standen, nicht kannte und für bedeutungslos hielt; Du Chesne aber habe sie aufgenommen, ohne sie zu verstehen, was aus Satz 6 hervorgehe, wo sicher im Mscr. eine III stand, deren beide erste Striche unten zusammenliefen. „Gerbert, sagt Büdinger, hatte seinem Freunde die arabischen Ziffern mit den darüber gesetzten entsprechenden römischen mitgetheilt. Remigius hat ihm darauf über zweierlei geschrieben: 1) Er hat ihm eine arithmetische Bemerkung mitgetheilt: Einmal 5 ist 5, 5 ist aber der kleinste Theiler von sich, folglich ist eine Zahl, die sich selbst gleich ist, auch der Theiler von sich. Diese falsche Folgerung verweist ihm G. in unserem Briefe. 2) Er hat ihn gefragt, was die 1 bedeute, welche unter der X (*sub figura* X) stehe, da sie sich ja schon einmal unter der I. befand. Er hat wie Du Chesne, den Punkt, welcher Null bedeutet, nicht weiter beachtet. G. sagt ihm nun, an zweiter Stelle bedeute die 1 zehn Einheiten, und um ihm dies klar zu machen, zerlegt er sie in 6 und 4 Einheiten (im Mscr. wahrscheinlich Striche) über deren Verhältniss er dann die gelegentliche Bemerkung macht: Sie verhalten sich wie $1\frac{1}{2}$ zu 1 oder wie 3 : 2."

Dagegen ist zu bemerken:

1) dass es höchst auffallend ist, dass Gerbert nur an 2 Stellen die arabischen Ziffern, an den übrigen aber die römischen sollte gebraucht haben. Denn Büdinger spricht selbst von der III im Mscr. Wollte man sagen, dass G. dieses gethan habe, weil sein Freund das arabische Zeichen gebraucht habe, so wäre es doch sehr sonderbar, wenn dieser wohl das arabische Zeichen für 5, aber nicht das für 10 verstanden hätte, vorausgesetzt, dass G.

ihm die arabischen Ziffern sogar mit den darüber gesetzten entsprechenden römischen mitgetheilt hat, wie Büdinger annimmt.

2) ist der Anfang des Briefes wohl zu interpungiren: *Bene quidem intellexistis (intellexisti?) de numero . . . . . , quomodo se ipsum metiatur; semel namque unus unus est. Sed non idcirco etc.* Dann ist aber sowohl *numero* wie *numero D* (auch = 5) nicht passend und viel wahrscheinlicher *numero I°* (d. i. *primo*) zu schreiben. Uebrigens ist auch der Ausdruck *numerus, qui sibi aequus est,* dunkel, obwohl er nach dem Folgenden die Zahl zu bedeuten scheint, die zugleich Faktor und Product einer Multiplication ist. Ebenso ist die Behauptung *non ideo IV metiuntur IV* nicht klar, wenn man bedenkt, dass Boethius *de arith.* 1, 14 schreibt: *Metitur autem numerus numerum, quoties vel semel vel bis vel tertio vel quotieslibet numerus ad numerum comparatus neque deminuta summa neque aucta ad comparati numeri terminum usque pervenit.*

3) ist die Bemerkung, dass sich $6:4 = 3:2$ verhält, gewiss keine „gelegentliche Bemerkung," und ebensowenig die Zerlegung in 6 u. 4 desshalb vorgenommen, um dem Remigius „klar zu machen" dass I unter X 10 Einheiten bedeute. Beides muss seinen Grund im Brief des Remigius gehabt haben, der nicht begriff, wie sich die *litera sub figura X* in 6 u. 4 zerlegen lasse. Warum aber machte G., wenn er wirklich die arabische Eins mit dem Punkt geschrieben hatte, dann seinen Freund nicht auf den „nicht weiter beachteten" Punkt aufmerksam unter gehöriger Belehrung über denselben? Da Gerbert *litera* und *figura* unterscheidet, so bin ich nicht gewiss, ob wirklich I als Buchstabe i unter X gestanden hat, da ja I als Zahlzeichen ebensogut *figura* hätte heissen können[18]). Sehr wahrscheinlich ist es aber dass 1 unter X von G. war geschrieben worden, und dieses dem Remigius auffiel, weil ihm X allein schon genügend gewesen wäre. Was möchte aber G. veranlasst haben, so zu schreiben? Ich finde keinen anderen Grund, als die Weise des *abacus* desselben, bei dem die Ziffern unter die Rubriken I, X, C u. s. w. zu stehen kommen. Dass

---

18) Beda (1563, I col. 110.) nennt die römischen Ziffern *numerales litteras*.

er auch ohne Rubriken zu ziehen die Zeichen I, X, C u. s. w. über die Ziffern setzte, scheint wenigstens auch aus den Worten hervorzugehen, die in der Schrift *de numer. div.* stehen (Beda I col. 159): *Si multiplicaveris singularem numerum per singularem, dabis unicuique digito singularem et omni articulo decem, directe scilicet et conversim.*

Darnach scheint die Gewissheit, dass Gerbert die arabischen Zahlen in der arabischen Form schrieb, auf ziemlich schwachen Füssen zu stehen, und ich sehe vielmehr einen weiteren Beweis in diesem Brief, dass Gerbert das Nullzeichen auch als Punkt über den Einern, um sie zu Zehnern, Hundertern u. s. w. zu machen, nicht angewendet hat, obwohl ihm Gestalt und Name bekannt sein konnte. Ihm war zum Anschreiben der Zahlen die römische Weise genügend, zur Rechnung aber benützte er die Zeichen, die er von den Arabern (im Gobar) gelernt hatte.

Doch es ist zunächst nur nachgewiesen, dass unsere jetzigen Ziffern ihre Quelle im Gobar haben, und die Ziffern in den Mscr. des Boethius Darstellungen dieses letzteren im Geschmack der damaligen Zeit sind, denen man es ansieht, dass sie noch nicht ein Jahrhundert lang im Gebrauch waren, sondern als neue umständlichst gemalt wurden. Zu begründen ist noch, wie gerade der Gobar in Gerberts Hände gekommen ist, und wie überhaupt in die Hände von diesem und nicht schon in die des Boethius. Das Nothwendigste dafür ist eine genaue Bestimmung der Zeit des Mscr., aus dem der Gobar entnommen wurde, und die Feststellung, wo und wann derselbe verbreitet war. Leider spricht davon weder Humboldt im Journal von Crelle (IV, S. 223—224) und im Kosmos (II, S. 455—456), noch habe ich sonst etwas darüber bisher auffinden können. Ich kann mich also nur an die allerdings der Gewissheit nahe kommende Wahrscheinlichkeit halten, dass der Gobar nicht nach der vollkommenen indisch-arabischen Bezeichnungsweise kann ausgedacht worden sein, und wenn auch das Princip desselben noch bei Neophytus im 14. Jahrh. n. Chr. sich angewendet findet, doch schon vor das 9. Jahrh. hinaufreicht, in welchem die Araber die indische Rechenkunst bei den Persern lernten (Humboldt, Kosmos II, S. 263)[19]) und bedeutende Männer derselben sie anwendeten und davon schrieben. Vgl. oben S. 31. Da nun Persien 642 den Arabern unterlag, so halte ich es für das wahrscheinlichste, dass damals oder wenigstens im nächsten Jahrh. die Bezeichnungsweise der Zahlen, wie sie bei Neophytus und im Gobar vorliegt, sammt dem Abacus mit Columnen aus Indien nach Persien kam und darnach bei den Arabern weiter verbreitet wurde. Ganz dazu stimmt, dass sie im 8. Jahrh. oder später durch die Araber auch nach Spanien kam und im 10. Jahrh. dort verbreitet war. Boethius also kann sie keines Falls gekannt haben. Ob damals auch die Gobar-Ziffern und noch nicht die anderen indisch-arabischen Ziffern gebraucht wurden, vermag ich nach den mir für jetzt zu Gebote stehenden Mitteln nicht zu entscheiden. Da die Zeichen des Neophytus den indisch-arabischen sehr nahe kommen, so möchte ich lieber glauben, der Gobar habe in Spanien sich gebildet, und sei bis ins 10. Jahrh. und vielleicht noch später dort gebraucht worden. Denn wenn auch oben bei den ersten 4 Zeichen nachweisbar ist, wie die arabischen Formen aus dem Gobar entstehen konnten, so zeigen doch die folgenden vier solche Verschiedenheit, dass ein anderer Boden gleichsam für die Gobar-Ziffern zu suchen ist. Ich verweise auch auf das oben S. 30 Bemerkte, wornach auch die Namen der Ziffern eine Aenderung in Spanien erlitten haben können.

Zu dem Bisherigen stimmt weiter der Umstand, dass die ältesten Ziffern, die bisher in Deutschland nachgewiesen wurden, dem 10. Jahrh. angehören[20]), dass sie den Ziffern in den Mscrn. des

---

19) Dass die Araber auch direct aus indischen Werken lernten, sagt eine Notiz in der Abhandlung von A. W. v. Schlegel im Berliner Kalender 1829 (nach Heffter in Jahn's Jahrbb. 1829, II S. 195): „Der arabische Geschichtschreiber Massudi (ungefähr 950 n. Chr.) bezeugt, dass seine Landsleute unter dem Khalifen Mamun (813 — 833 n. Chr.) angefangen haben, Bücher unter anderen auch aus dem Indischen zu übersetzen."

20) Hr. Bibliothekar Dr. Bethmann versprach im Archiv von Pertz, IX,

Boethius nicht so nahe kommen, dass sie von denselben oder diese von ihnen abstammen könnten, und dass sie doch Annäherung an das Arabische und den Gobar zeigen, dass sie aber auch die Anwendung von Null als stellvertretendes Zeichen nicht ersehen lassen. Sie erscheinen darnach als die Spur eines 2. Ueberganges der Ziffern von den Arabern zu den Christen Europas, der aber neben dem anderen, den der Name Gerbert glänzender machte, unbeachtet geblieben ist, wie ja auch vor Fibonacci die vollkommene indische Rechnungsweise in Schriften dargelegt wurde, deren Wirkung aber gegenüber der Wirkung des Werkes dieses Mannes ganz verschwindet.

Was ich also von den Ziffern habe ermitteln können, passt vollständig auf die Zeit Gerberts; das Folgende wird noch überzeugender zu Gerbert selbst führen.

Ich habe mich zunächst wieder zur Tafel des abacus zurückzuwenden. Die 3. Reihe zeigt von rechts nach links in römischen Ziffern die Zahlen 1, 10, 100 u. s. w. bis 100000 Millionen. Sie hat Chasles den Anlass gegeben unser vollkommenes Decimalsystem schon in diesem Werk zu finden. Das Nachfolgende wird allerdings zeigen, dass diese Reihe die Hauptsache der Tafel enthält, wie weit sich aber diese erstreckt, kann auch erst aus dem

---

S. 623 eine weitere Mittheilung über ein als Schmutzblatt benütztes Pergament, auf welchem von einer Hand saec. X eine Anleitung zum Dividiren steht für arabische Ziffern, welche neben den römischen vorkommen und zwar in einem Exempel. Aus einem dabei vorkommenden Namen vermuthet derselbe, dass dadurch die arabischen Ziffern und das decadische Zahlensystem schon zu Karls des Grossen Zeiten nachzuweisen seien. Einer sehr freundlichen brieflichen Mittheilung desselben zufolge wird dieses interessante Bruchstück noch zur Veröffentlichung kommen. Jeden Falls wäre aber die Kenntniss des decadischen Systems vereinzelt geblieben und Gerbert's Verdienst kann dadurch kein Eintrag geschehen. Uebrigens glaube ich nach dem im Archiv Angegebenen, dass das Fragment auch dem Inhalt nach dem 10. Jahrh. angehört.

Folgenden ersichtlich werden. Jedenfalls darf ich nicht wie Chasles die nun folgenden Reihen ganz ausser Acht lassen.

Die 4. Reihe soll augenscheinlich die Hälfte der 3. darstellen, wenigstens dürfte nur in der 3. col. von links her der Strich über dem oberen δ, das untere $\bar{\delta}$ in der 6. col. und das 1 vor dem Zeichen für $^1/_2$ in der letzten Columne getilgt werden, um die Zahlen $^1/_2$, 5, 50 u. s. w. bis 50000 Millionen zu erhalten. Aber es hiesse dies den Verfasser verbessern, der offenbar **jedes oberhalb stehende Zeichen einzeln halbirt hat** und daher $\bar{\delta}\bar{\delta}$ schreibt aus $\bar{M}\bar{I}$ und nicht blos $\bar{I}$ oder $\bar{M}$, was einfacher gewesen wäre, und der dem Zeichen für $^1/_2$ noch 1 wie als Zähler beisetzt. Nach dieser Wahrnehmung ist nun auch die sonst unverständliche 5. u. 6. Reihe verständlich; jede ist die Hälfte der darüber stehenden Zahlen, die Zeichen derselben zum Theil einzeln, zum Theil zusammengenommen, wobei überdiess ein $\bar{x}$ in der 1. col. der 6. Reihe zuviel ist und das Zeichen für $^1/_8$ fehlt, vielleicht weil es nicht gebraucht wurde.

Fragt man nun aber nach dem Sinn dieser letzten 3 Reihen, so ergiebt sich ein genügender weder aus ihnen selbst noch aus dem Nachfolgenden; sie scheinen wie zur blossen Unterhaltung oder Uebung geschrieben, und mögen desshalb Chasles als unbedeutend erschienen sein. Man muss aber sagen, dass sich dadurch ein Verfasser verräth, der wenig mathematische Kenntnisse besass, der Passendes und Unpassendes zusammen in sein Buch eingetragen hat, dem aber sicherlich die röm. Ziffern viel geläufiger waren, als die seltsamen neuen, die er bei Anderen kennen gelernt und desshalb oben auf seine Tafel hingeschrieben hat. Diese selbst ist ihm etwas überliefertes und er **erzählt** nur von ihrem Gebrauch, den er aus eigener Uebung nicht zu kennen scheint. Vorangeschickt sind noch Bemerkungen über die Zeichen, die dazu gebraucht wurden; es heisst:

Superius vero digestae descriptionis formula hoc modo utebantur. Habebant enim diverse formatos apices vel characteres. Quidam enim huiusmodi apicum notas sibi conscripserant, ut haec no-

tula responderet unitati. 1[21]*). Ista autem binario. 2. 'Tertia vero tribus. 3. Quarta vero quaternario. 4. haec autem quinque asscriberetur. 5. ista autem senario. 6. Septima autem septenario conveniret. 7. haec vero octo. 8. Ista autem novenario jungeretur. 9. Quidam vero in huius formae descriptione literas alfabeti sibi assumebant hoc pacto, ut litera, quae esset prima, unitati, secunda binario, tertia ternario, ceteraeque in ordine naturali numero responderent naturali. Alii autem in huiusmodi opus apices naturali numero insignitos et inscriptos tantummodo sortiti sunt.*

Dreierlei Zahlzeichen werden hier erwähnt, 1) die *apicum notae*, welche unseren jetzigen Ziffern zum Theil ähnlich sind, 2) die Buchstaben des Alphabetes, 3) *apices naturali numero insigniti et inscripti*. Darnach steht jedenfalls fest, dass dem Verfasser verschiedene Schriften vorlagen, in denen er diese verschiedenen Zeichen angewendet fand. Wo er die Buchstaben kann gefunden haben, lässt sich aus dem S. 19—20 Angegebenen vermuthen. Sein Archytas kann es gewesen sein, bei dessen *mensa* in dem vom abacus verdrängten Theile wohl gleichfalls die Buchstaben angewendet waren, wie in der *figura minutiarum*. Das Verfahren des Archytas muss desshalb nicht dasselbe gewesen sein, wie 'es nachher von den *apices* und nur für diese angegeben wird. Es findet sich eben hier dieselbe Vermengung, die schon oben S. 27 als wahrscheinlich sich ergeben hat, und deren Nachweis S. 29 gefordert erschien.

Von wem aber können die *apicum notae* sein und die *apices inscripti?* Was ist überhaupt unter letzteren zu verstehen? Boeckh sagt p. VIII *quos (digitorum notas Graecas compositivas I Γ Δ etc.) auctor Appendicis apices naturali numero insignitos vocat*. Worauf sich dieses stützt, ist mir nicht ersichtlich, und ich kann nicht abnehmen, wie diese Zeichen *apices naturali numero insigniti et inscripti* heissen können, und wie sie nur hier genannt werden könnten, wo offenbar von 9 verschiedenen Zeichen für

---

[21] Die Ziffern, welche im Mscr. stehen, siehe in der 2. Reihe auf Tafel VI.

die 9 Einer die Rede ist, wozu nur 2 jener Zeichen *I* u. *Γ* nöthig sind. Mehr Zusagendes giebt mir die Beschreibung von Gerberts Abacus an die Hand, die Richerus (Pertz monum. Germ. hist. III, 618) giebt:

Abacum, id est tabulam dimensionibus aptam opere sculurii effecit. Cuius longitudini in viginti septem partes diductae novem numero notas omnem numerum significantes disposuit. Ad quarum etiam similitudinem mille corneos effecit characteres, qui per viginti septem abaci partes mutuati cuiusque numeri multiplicationem sive divisionem designarent, tanto compendio numerorum multitudinem dividentes vel multiplicantes, ut prae nimia numerositate potius intelligi quam verbis valerent ostendi. Quorum scientiam qui ad plenum scire desiderat, legat ipsius librum ad C. (Constantinum) grammaticum. Solche *cornei characteres*, die das Gepräge der Ziffern wohl möglichst auch in Form derselben trugen, scheinen mir eher *apices insigniti et inscripti* genannt werden zu können, und die 9 Einer, die sich in ihrer Aufeinanderfolge auf ihnen befanden, scheinen mir am ersten unter *naturalis numerus* denkbar nach den vorhergehenden Worten: *ut — ceteraeque in ordine naturali numero responderent naturali,* d. h. dass die ersten 9 aufeinanderfolgenden Buchstaben den ersten 9 aufeinanderfolgenden Zahlen entsprechen sollten. Auch das *tantummodo* findet dabei seine Erklärung, indem es sagen will, dass die, welche diese *apices* gebrauchten, sich nicht viel mit schreiben bemühten, sondern nur die Marken anwendeten.

Ist dem nun so, dann hat man, wenn man nicht die durch nichts weiter begründete Annahme machen will, dass es den *corneis characteribus* des Gerbert nachgebildete *apices* mit dem Gepräge der röm. Zahlzeichen gegeben habe [22]), unter den *apices inscripti* und den *apicum notae* nicht verschiedene Zeichen zu ver-

---

[22]) Nimmt man dieses an, so ist nicht zu begreifen, warum der Verfasser über den *abacus* die indischen Zeichen geschrieben hat. — Uebrigens kann auch diese Annahme der Leistung Gerberts keinen Eintrag thun, da sie ja sein Vorbild voraussetzt.

stehen, sondern die nämlichen *novem numero notae omnem numerum significantes*. So erklärt sich, warum von beiden im Texte der Ausdruck *apices* gebraucht ist, und nur mehr dieser Ausdruck allein im Folgenden angewendet wird, und zwar so, dass nur von den zuletzt genannten weiter gesprochen wird. Denn bei der Umständlichkeit der Zahlzeichen zum Schreiben musste die Rechnung mit den hörnernen Zahlen auf dem ledernen Abacus viel mehr Anklang finden, zumal da sie dem Rechnen mit den Rechenpfennigen ähnlicher sah. Da aber beide, die geschriebenen *apices* und die aus Horn gefertigten ihre Anhänger finden mochten, so ist es erklärlich, dass der Verfasser der Geometrie dieselben durch *quidam* und *alii* von einander scheidet.

Noch entschiedener als bisher tritt also hier Gerbert als der Führer zur Rechnung mit den Columnen entgegen, ich sage nicht zugleich als der erste Ueberlieferer der Ziffern. Denn es ist hier nun der Ort darauf hinzuweisen, dass Gerbert nur die Ehre gebührt, den *abacus* mit Columnen d. h. das verbesserte Verfahren zu Multipliciren und zu Dividiren zuerst im christlichen Abendland gelehrt und dadurch unsere Ziffern mit Erfolg eingebürgert zu haben. Diese können schon vorher, aber sicherlich nicht allzulange, nicht schon zu Boethius' Zeiten im 6. Jahrh., sondern frühestens im 9. Jahrh. den Christen bekannt geworden sein. Man benützte sie vielleicht auch zum Anschreiben von Zahlen, aber nicht, oder nur vereinzelt und nicht weiter beachtet, zum Rechnen. Daher sagte ich oben S. 42 Anm., dass Gerberts Verdienst nicht geschmälert wird, auch wenn sich unsere Ziffern schon zu Karls des Grossen Zeiten nachweisen liessen. Ich halte aber eher das 10. Jahrh. für das erste, in welchem die indisch-arabischen Ziffern in der Form des Gobar den abendländischen Christen bekannt wurden.

Ferner lässt sich nun hier eine Frage erledigen, die oben bei Seite liegen blieb, nämlich wie das Nullzeichen (d. h. der Punkt des Gobar ober den Ziffern) auf der Abacustafel erscheinen kann, ohne im Text erwähnt zu werden. Der Verfasser konnte die Namen mit diesem Nullzeichen vielleicht schon in Werken finden, die vor der Bekanntmachung des *abacus* durch Gerbert von der arabischen Schreibweise handelten, wahrscheinlicher aber in solchen, die durch Gerbert augeregt auch das noch dem Arabischen entnahmen, was Gerbert unbeachtet liess, nämlich das Nullzeichen und die Namen der Ziffern, von welchen beiden nichts in dessen eigenen Schriften und denen, die von ihm handeln, zu finden ist. So erklärt sich auch, dass gerade unser Mscr. des angeblichen Boethius und seine übrigen gleichzeitigen Exemplare oder späteren Abschriften in der Folgezeit ungeachtet der Mangelhaftigkeit doch Ansehn erlangten, so dass die arabischen Namen, die in dem *tractatus de arte arithm.* im Cod. Arundel. neben den lateinischen Namen der Zahlen angewendet sind, vielleicht durch dieselben aufgebracht wurden, und nach Cantor (I, S. 69) Tzwivel in seinen *Arithmetice opuscula duo, Monasterii* 1507 schrieb: *characteres sive numerorum apices a divo Severino Boethio nuncupantur*, offenbar veranlasst durch unser Mscr. oder ein demselben gleiches. Ohne Zweifel hat der an der Spitze stehende Name des Boethius das Meiste dazu gethan. Uebrigens müssen die arabischen Namen wieder im Vergessenheit gerathen gewesen sein, als man die Null als stellvertretendes Zeichen kennen lernte, denn sie führt nicht den Namen *sipos*, sondern *cifra*, den später alle anderen Zeichen von ihr erhielten [23]).

---

23) Zur Beantwortung der Frage, die Raumer, Gesch. d. Päd. III, 1 S. 197 Note 2 aufgeworfen hat: Wann mag Ziffer die jetzige Bedeutung erhalten haben? kann ich nur folgende Anhaltspunkte geben: In einem Scholion des Jo. Noviomagus in Beda's Werken I col. 168 (Basel 1563) heisst es: (*numerorum notandorum ratio) per notas Arabicas, ... , quas ziphras vocant.* In demselben Werke steht als eine Bemerkung des Druckers col. 204: *Literae numerales* (die römischen Zahlzeichen) *indicant annos, chiffrae* (die arabischen Ziffern) *claves.* Dagegen heisst es Bd. II p. 106: *horae noctis arithmetico nempe (1 2 3.), diei horae Scholastico quem vocant numero (I V X) notantur.* In der marg. philos. (Strassburg 1508) heissen im Abschnitt *de numeratione* die 9 Zahlzeichen *figurae*, die Null *figura nihili vel cifra*, aber im *tract.*

Dass man aber ihr allein den fremden Namen gab, beweist, dass man **etwas Neues** darin fand, und giebt einen weiteren Beleg dafür, dass Gerbert sie gar nicht benützt hat.

Dass aber für die Rechnungsoperation mit dem *abacus* Gerbert den Anfang machte, ergiebt sich noch klarer aus den folgenden Worten des Textes.

Hos enim apices ita varie ceu pulverem dispergere in multiplicando et in dividendo consuerunt, ut si sub unitate naturalis numeri ordinem jam dictos characteres adjungendo locarent, non alii quam digiti nascerentur. Primum autem numerum, id est binarium, unitas enim, ut in arithmeticis est dictum, numerus non est, sed fons et origo numerorum, sub linea .x. inscripta ponentes, XX. et ternarium. XXX. et quaternarium XL, ceterosque in ordine sese sequentes proprias secundum denominationes assignare constituerunt. Sub linea vero centeno insignita numero eosdem apices ponentes binarium cc tis, ternarium ccc, quaternarium cccc ceterosque certis denominationibus respondere decreverunt. In sequentibus vero paginularum lineis idem facientes nullo errore nubilo obtenebrantur (lies: *obtenebrabantur*).

Daraus ersieht man, dass die 3. Reihe des *abacus* das We-

---

quintus heisst es ebendort: *Ad repraesentationem numeri cum denariis projectilibus, quibus pro cifris utimur, necessariae sunt lineae cifrarum repraesentantes loca.* Glareanus sagt in seiner *de VI arithm. pract. speciebus Epitome* 1550.: *Numerorum notas alii figuras, alii signa, alii characteres vocant,* und erwähnt den Ausdruck *cifra* gar nicht. Adam Riese gebraucht (1550) die Ausdrücke „figurn" und „ziffer". Im Quodlibetarius (Erlang. Mscr. 1463) c. 1524 wird von „ziffern" gesprochen.

Darnach scheint im 15. Jahrh. der Ausdruck ziphrae allmählig und gleichsam unbewusst neben figurae aufgekommen zu sein und zwar, wie ich glaube, durch den Gegensatz der Rechnung mit *denarii projectiles* zu der mit *cifrae* und *figurae*. Statt Rechnung mit *cifrae* und *figurae* sagte man kurz die Rechnung mit *cifrae*, und so ging der Name auch auf die nur selten ohne *cifrae* in Rechnung kommenden *figurae* über.

sentlichste desselben enthält, nämlich die Ueberschriften, welche die Bedeutung der Columnen anzeigten. Zu diesen dienten die röm. Ziffern und desshalb erscheinen diese auch in der *figura minutiarum* (S. 19—20) und in dem S. 37—38 erwähnten Brief über dem Zahlzeichen. (Vergl. S. 39—40). Die Bemerkung, die Chasles (S. 534 not. 160) zu den Worten *ceu pulverem* macht, ist mehr als zweifelhaft. Er sagt: „Boëtius spielt hier ohne Zweifel auf den Staub, oder *pulvis eruditus* des Cicero (De nat. deor. II, 18, 48) an, welchen die Alten auf ihren *abacis* ausstreuten, um ihre geometrischen Figuren darin zu zeichnen."

Es findet offenbar eine blosse Vergleichung der mit den Zahlzeichen bedeckten Rechentafel mit einer mit Staub bestreuten statt. Denkt man an die Beschreibung, die Richerus vom *abacus* des Gerbert macht (S. 45), so wird man diese Vergleichung wenn auch übertreibend doch nicht allzu kühn finden. Weiter wird man aber unwillkührlich dabei an Gobar d. h. „Staubschrift" erinnert, von der aber Humboldt (Crelle IV. S. 224) äussert, sie habe ihren Namen von den Punkten, die über die Zahlzeichen gesetzt wurden. Ohne ausführlichere Angaben über dieselbe und das Mscr., in dem sie sich fand, wage ich daher nicht weiter auf den Gedanken einzugehen, dass der Name Gobar auch von den Zeichen selbst herrühren könnte, die man wie Staub über den *abacus* ausbreitete.

Beachtet man nun die Ausdrücke *dispergere*, *locare*, *ponere*, die von den *apices* gesagt werden, so muss man zugestehen, dass sie aufs treffendste von den *cornei apices* des Gerbert gesagt sind, die man über die Ledertafel ausstreuen, auf sie hinlegen konnte; auch kommt das *dispergere* dem *per septem et viginti abaci partes mutuare* so nahe, dass kaum ein Zweifel sein kann, der Verfasser des Mscr. habe die Anweisung des Gerbert zu seinem *abacus* vor Augen gehabt.

Freilich wird dieses derjenige nicht zugeben, der den *abacus* des Gerbert nach Büdinger's Darstellung (S. 27—28) sich denkt, nach welcher derselbe dazu dienen soll, „das Einmaleins dem Gedächtniss einzuprägen", und dazu folgende Form hat:

1	1	1	2	1	2	3	1	3	4	1	4	......	9.	1	9
1	2	2	2	2	4	3	2	6	4	2	8	......	9	2	18

u. s. w.

Wirklich sieht man daraus, warum Gerbert 27 Abtheilungen machte, aber wie könnte Richerus sagen, dass damit die Multiplication und Division *cuiusque numeri* angegeben sei, und zwar auch solcher Zahlen, *ut prae nimia numerositate potius intelligi quam verbis valerent ostendi?* Büdinger hätte schon aus der Noth, die ihm die Null dabei machte, da sie Gerbert einmal nicht kannte, mit Sicherheit ersehen können, dass er das Richtige nicht gefunden habe; willkührlich ist auch die Annahme von horizontalen Reihen auf dem *abacus*.

Gerbert hatte vielmehr nur senkrechte Linien gezogen und mit den römischen Zahlzeichen als Ueberschriften die 1. davon den Einern, die 2. den Zehnern, die 3. den Hundertern u. s. w. bestimmt, wie dieses unzweifelhaft aus dem obigen Text und der Schrift *de numer. div.* hervorgeht, und da er nun 27 solche Abtheilungen hatte, so konnte er Zahlen bis zu 10^{27} excl. darstellen, also gewiss solche von *nimia numerositate*, und da er sich 1000 *apices* aus Horn machen liess, so konnte er wohl bei keiner Multiplication oder Division aus Mangel an Ziffern in Verlegenheit kommen. Nur Eines ist mir dabei nicht ganz gewiss, wie nämlich Gerbert die Eins in jeder Abtheilung dargestellt hat. Der S. 37—38 erwähnte Brief könnte Auskunft ertheilen, wenn sein Text verlässig wäre. Das Wahrscheinliche ist mir, dass Gerbert ohne weiteres auch die Ziffer 1 gebraucht und *unitatem* und *primum numerum* genannt hat. Unser Verfasser aber aus der alten Schule bringt dabei eine Verbesserung an und rechtfertigt sie aus der Arithmetik des Boethius. So erklärt sich der ausserdem müssige Zusatz *id est binarium etc.* und man braucht nicht weiter zu fragen, wie es mit der Eins gehalten wurde. Ich finde dabei zugleich eine Bekräftigung der oben aufgestellten Vermuthung von *numero I°* in jenem Brief Gerberts. Es stimmt also, was über das Einschreiben oder Einlegen der Ziffern in den *abacus* in unserem Mscr. gesagt ist, vollständig zu dem, was Richerus von Gerberts

Abacus sagt, ja es scheint der Verfasser dieses Mscr. das Verfahren Gerberts vor sich gehabt zu haben.

Weiter aber ist zu sehen, ob dieses nun auch bei den nun folgenden Regeln der Multiplication und Division der Fall ist. Es ist nicht nöthig dieselben sämmtlich anzuführen; die Einleitung und die 1. Regel lautet folgender Massen:

Scire autem oportet et diligenti examinatione discutere in multiplicando et partiendo, cui paginulae digiti et cui articuli sint adjungendi. Nam singularis multiplicator deceni digitos in decenis, articulos in centenis, idem vero singularis multiplicator centeni digitos in centenis, articulos in millenis, et multiplicator milleni digitos in millenis, articulos in decenis millenis, et multiplicator centeni milleni digitos in centenis millenis, articulos autem in millenis milibus habebit.

In ähnlicher Weise folgen darauf die Regeln über die Multiplication mit einem Zehner, Hunderter, Tausender, Zehntausender und Hunderttausender.

Wie darnach die Multiplication beschaffen war, lässt sich mit ziemlicher Sicherheit angeben, und Boeckh hat im allgemeinen das Verfahren in seinem Programm p. IX u. X richtig veranschaulicht; doch muss ich mir die Ausführung im Einzelnen anders denken, nämlich so, wie ich auf Tafel V das Beispiel, das Boeckh wählte, mit den Zeichen des Mscr. dargestellt habe. Der Multiplicand, der Multiplicator und das Product sind in römischen Ziffern an die Seite gesetzt, da ich glaube, dass sie auch Gerbert auf eine besondere Tafel oder auf den Rand seines *abacus* so geschrieben hat [24]).

Freilich ist darnach das Verfahren dem unsrigen nicht mehr so ganz ähnlich und die verschiedenen Ziffern beim Anschreiben der Zahlen und bei der Operation selbst, dienen auch nicht zur Erleichterung. Aber dies ist eben der Grund, warum Gerberts

---

24) Zur Vergleichung stellte ich daneben das 3. Schema von Boeckh und in den hauptsächlichsten Phasen die Weise, wie auf den Linien eine solche Multiplication ausgeführt wurde.

abacus das Rechnen mit den Rechensteinen nicht hat verdrängen können und andererseits passt das unbequeme Verfahren ganz zu dem noch viel unbequemeren Verfahren bei der Division. Uebrigens sieht man auch deutlich, wie man endlich doch darauf kommen musste, die einzelnen Columnen zu addiren und die Summe darunter zu schreiben, wobei man auch das Zahlenanschreiben mit diesen Ziffern und die Anwendung der Null für eine fehlende lernen musste, wenn man es nicht schon aus dem Anschreiben mit Nullen oder den Ziffern gefunden hatte. Dies geschah aber, wenn die Angaben hierüber verlässig sind, in Indien bereits im 1. Jahrh. nach Chr., im Abendland dagegen erst im Anfang des 13. Jahrh. beim Rechnen, früher schon beim Anschreiben von Zahlen. Vgl. Pertz Archiv III, S. 363 u. V, S. 160.

Doch um Gerbert wirklich als den Urheber der Multiplication mit Columnen für die abendländischen Christen bezeichnen zu können, müssen die Regeln der Schrift *de numer. div.*, die sicher von demselben ist, mit den obigen verglichen werden. Es heisst dort unter der Ueberschrift *de simplici:*

Si multiplicaveris singularem numerum per singularem, dabis unicuique digito singularem et omni articulo decem, directe scilicet et conversim. Si singularem per decenum, dabis unicuique digito decem et omni articulo centum u. s. w. bis *singularem per centenum millenum.* Dann kommen ähnliche Regeln *de deceno* bis *de centeno milleno* und zwar so, dass die bei Umkehrung der Factoren schon im Vorhergehenden angegebenen Fälle weggelassen sind.

Es findet sich also hier offenbar der gleiche Inhalt aber in verschiedener Anordnung und veränderter Ausdrucksweise. Während im Mscr. der Einer als Multiplicator beibehalten ist, erscheint er hier als Multiplicand beibehalten; während es dort heisst *singularis multiplicator deceni digitos in decenis habebit*, heisst es hier *si multiplicaveris singularem per decenum, dabis unicuique digito decem.* Diese Regeln also kann der Verfasser, der so durchgreifende Abweichungen kaum sich erlaubt haben würde, nicht vor sich gehabt haben, und ich müsste jeden Gedanken an Gerbert aufgeben, wenn nicht der Brief, der dem Werk *de numer. div.* voransteht (s. oben S. 24), die Erklärung und den Grund der bestehenden Verschiedenheit enthielte. Dort schreibt nämlich Gerbert an seinen Freund Constantinus:

Vis amicitiae paene impossibilia redigit ad possibilia, nam quomodo rationes Numerorum abaci explicare contenderemus, nisi te adhortante, o mi dulce solamen laborum, Constantine? Itaque quum aliquot lustra jam transierint, ex quo nec librum nec exercitium harum rerum habuerimus, quaedam repetita memoria eisdem verbis proferimus, quaedam eisdem sententiis.

Wie lässt sich dieses wohl anders verstehen, als dass Gerbert unter dem *liber* sein eigenes Werk meint, mit dem er den *abacus* der Saracenen zuerst bekannt gemacht hat? Wäre dem nicht so, so würde Richerus (vgl. S. 45) nicht wohl geschrieben haben: *Quorum scientiam qui ad plenum scire desiderat, legat ipsius librum ad C. (Constantinum) grammaticum;* denn nicht ein eigenes Werk, nur eine Bearbeitung des Werkes eines Anderen würde diese Schrift dann sein, und darum keine besonders hervorzuhebende Leistung. Richerus aber denkt sicherlich Gerbert als den eigentlichen Urheber des Inhaltes jener Schrift. Bleiben auch solche Werke von Anderen *aliquot lustra* ohne fortgesetzte Uebung, wie Gerbert sagt, so im Gedächtniss, dass man sie auch nur zum Theil *eisdem verbis* aussprechen kann? Und würde Gerbert jenes Werk ohne weitere Bezeichnung gelassen haben, wenn es nicht sein eigenes gewesen wäre? Ja, was hätte den Constantinus zu seiner Bitte an Gerbert veranlassen können, wenn er nicht diesen als den *autor abaci* gewusst hätte, bei dem er also am besten Belehrung über die Schwierigkeiten desselben hoffen konnte? Gewiss alle Umstände vereinigen sich dahin, dass man Gerbert als den Verfasser zweier Werke über den *abacus* annehmen muss, von denen er das eine mit der ersten Bekanntmachung der neuen Rechnungsweise und der Herstellung des *abacus* aus Leder mit den Ziffern aus Horn herausgab, das zweite aber mehr als 15 Jahre später auf Bitten seines Freundes schrieb.

Man sieht aber daraus auch, dass Gerbert selbst kein allzugrosses Gewicht auf seinen Fund gelegt hat, und ruhig Andere denselben weiter verfolgen und benützen liess. Ja es scheint die erste Arbeit eine weitere Verbreitung als die 2. gefunden zu haben, worüber jedoch erst dann geurtheilt werden kann, wenn noch mehr Exemplare dieser Regeln über den *abacus* aufgefunden und verglichen sein werden. Der Verfasser des Mscr. benützte die 1. Arbeit, und ich muss die Worte Cantor's (I, S. 71), dass Gerbert's Werk *de numer. div.* nach einem Buche aus dem Gedächtniss geschrieben ist, wahrscheinlich aus einem Mscr. des Boethius, von dem der Cod. in Chartres vielleicht eine Abschrift ist, vielmehr dahin abändern, dass G. nach seinem eigenen Buch aus dem Gedächtniss gearbeitet hat, in den Mscrn. des Boethius aber, sowohl in Chartres und Paris als in Erlangen eine nur leider nicht ganz getreue Abschrift von jenem ersten Werke Gerberts erhalten ist.

Aber es ist bisher gleichsam nur der Beweis geführt, dass Gerbert *eisdem sententiis* sein zweites Werk geschrieben hat, und es wäre nicht viel gewonnen, wenn nicht auch der Beweis für das Abfassen *eisdem verbis* geliefert werden könnte. Diesen geben die Regeln *de divisione*.

Es ist auch hier nicht nothwendig sie alle anzuführen, zumal da sie zum grössten Theil an einer Dunkelheit leiden, die schwer zu lichten scheint. Es deutet dieses auch der Verf. d. Mscr. in den vorangeschickten Worten an: *Divisiones igitur quantalibet jam ex parte lectoris animus introductus facile valet dinoscere. Breviter etenim de his et summotenus dicturi, si qua obscura intervenerint, diligenti lectorum exercitio ad investigandum committimus.*

Die erste Regel lautet darauf also: *Si decenus per se, vel centenus per se, vel ulteriores per semet ipsos dividendi proponantur, minores a maioribus, quoadusque dividantur, sunt subtrahendi.* Aehnlich heisst es bei Gerbert: *In partitione numerorum abaci sicut se habent singulares ad singulares, sic quodammodo habent se decem* (lies *deceni*) *ad centenos, centeni ad centenos, milleni ad millenos, hoc modo: Si volueris dividere singulares per singulares, vel decenum per decenum, vel centenum per centenum, vel millenum per millenum secundum denominationem eorum, singulares singularibus subtrahes.*

Also besteht das Dividiren in diesem Fall in einem wiederholten Subtrahiren, von dem nicht bekannt ist, dass es auf dem *abacus* mit Columnen, wohl aber dass es auf der Rechentafel mit den Linien und Rechensteinen bequem ausgeführt wurde; doch konnte diese Division, da ja nur Einer in Einer zu dividiren ist, ganz leicht auch im Kopfe ausgeführt werden. Von den übrigen Regeln nehme ich nur die letzte im Mscr., da sie am besten das Verhältniss des Verfassers zum Werk Gerberts darthun wird. Es heisst im Mscr.:

Centenus autem cum singulari compositus centenum vel millenum hoc pacto dividere cognoscitur. Sumpto igitur uno dividendorum, quod residuum fuerit, divisori est coaequandum et, quod superabundaverit, sepositis reservandum. Singularis autem vel, ut alii volunt, minutum pro aequatione maiorum est multiplicandum et digitis quidem perfecta differentia supponenda, articulis autem imperfecta est praeponenda. Et hae differentiae et si forte aliquis seclusus sit, significant, quod residuum sit ex dividendis.

Der entsprechende Abschnitt bei Gerbert lautet:

Si volueris dividere centenum vel millenum per compositum centenum vel millenum: uno intermisso unum dividendorum sumes ad minuta componenda et maximum divisorem reliquae parti comparabis. Et si quid abundaverit, relinquendis repones. Minutum autem per denominationem eius, per quem divisor coaequatur dividendo, multiplicabis. Et in digitis quidem perfecta ponetur differentia, ante articulos vero altera differentia uno minus, quasi rationem habens ad juxta positos, quum sunt digiti et articuli. Nam solus articulus, id est sine digitis, integram proponit sibi differentiam, solus digitus integram supponit. Et tum, quum solus est digitus, ei qui ad minuta componenda seclusus est, differentia integra secundabitur. Et hae quidem differentiae et si quis forte a maximo divisore seclusus est, significabunt, quod relinquitur ex dividendis.

Wie ist dieses nun zu verstehen? Ich sehe hier die Regeln, von denen es (vgl. S. 28) hiess: *regulas dedit, quae a sudantibus abacistis vix intelliguntur.* Büdinger meint zwar S. 28: „Der Gebrauch derselben Ziffer als Einer, Zehner und Hunderter machte den schwitzenden Künstlern natürlich Anfangs grosse Schwierigkeiten"; aber ich sehe nicht, wie dieses auch für einen schwachen Kopf wirklich schwer gewesen sein sollte. Viel mehr Grund hat jener Ausspruch, wenn man ihn auf die Regeln der Division bezieht, und die Erfahrung davon wird auch heut zu Tage noch jeder machen, der darüber klar zu werden sucht. Ich wenigstens wage es nicht zuversichtlich auszusprechen, dass ich das damalige Verfahren ganz genau angebe, wenn ich die obige Regel mir in folgender Weise zu recht lege.

Um z. B. 800 durch 206 zu dividiren, nahm man einen Hunderter weg *(unum dividendorum sumere)* und dividirte dann den Rest 700 mit 200, dem Hunderter des Divisors *(maximum divisorem reliquae parti comparare, residuum divisori coaequare).* 200 lässt sich 3 mal von 700 wegnehmen und es bleiben 100. Dieses wird für den künftigen Rest aufbewahrt *(relinquendis reponere, sepositis reservare, secludere).* Der Einer des Divisors wird nun mit 3, dem Quotienten der erwähnten Division, multiplicirt *(minutum per denominationem eius, per quem divisor coaequatur dividendo, multiplicare; singularem pro aequatione maiorum multiplicare).* Dadurch entsteht 18; der *digitus* 8 wird von der vollen 10 *(perfecta differentia)* abgezogen, es bleibt also 2; der *articulus* 1 aber von der um 1 verminderten *(uno minus)* 10 *(altera, imperfecta differentia),* so dass 8 bleibt, welches als *articulus* 80 bedeutet. (Würde aber nicht 18 sondern z. B. 30 abzuziehen gewesen sein, so würde der *articulus* 3 als *solus articulus* von der vollen 10 abzuziehen gewesen sein; und wenn nur 6 abzuziehen gewesen wäre, würde dieses auch von der vollen 10 abgezogen worden sein, aber mit Rücksicht *(secundabitur?)* darauf, dass ein Hunderter für die Rechnung mit den Einern *(ad minuta componenda)* weggenommen wurde, also mit Beiziehung des von diesem noch übrigen 90.) Diese 3 Reste zusammen, nämlich 100, 2 u. 80, bilden dann den Rest der Division *(quod relinquitur, quod reliquum sit ex dividendis).* So erhalten wenigstens die Worte der beiden Texte einen leidlichen Sinn; aber man sieht, wie wenig geeignet ein solches Verfahren war, auch nur das unvollkommene Rechnen mit den Rechensteinen zu verdrängen, bei dem einfach jeder Divisor so oft vom Dividenden weggenommen wurde als es anging und der Rest dann von selbst sich zuletzt ergab. Man wird auch sagen müssen, dass Büdinger zu viel sagt, wenn er S. 30 behauptet „Gerbert habe das arabische Ziffernsystem zuerst in Europa eingeführt." Er hat nur die Multiplication und Division mit indischen Ziffern angebahnt, aber unser Numeriren und damit unser Ziffersystem verdanken wir ihm nicht. Gleichwohl muss das Verfahren mit den Columnen einen Reiz für die damalige Zeit gehabt haben, sonst würde man sich nicht an die dabei gebrauchten Ziffern so gewöhnt haben, dass man sie beibehielt, als man das vollkommnere Verfahren kennen lernte. Doch kann man mit Sicherheit darüber erst dann mehr sagen, wenn die Zahlzeichen jener Zeiten noch weiter bekannt werden. Uebrigens lässt sich in dem angegebenen Verfahren die Aehnlichkeit mit dem sogenannten Dividiren über dem Strich (Vgl. Raumer, Gesch. d. Päd. III, S. 277) nicht verkennen; wie es aber auf dem *abacus* ausgeführt wurde, kann ich auch aus der Andeutung, die bei Gerbert bei der Regel über die Division mit einem Einer gegeben ist, nicht so bestimmt entnehmen, dass ich eine Darstellung versuchen möchte. Es trägt auch dieses nichts zur Sache bei, für welche das Wesentliche ist, dass Gerbert an mehreren Stellen, die oben in beiden Texten hervorgehoben sind, dieselben Worte *(eadem verba)* gebraucht, welche in Mscr. sich finden, dass also, was G. von seiner 2. Schrift sagt, seine Bestätigung im Mscr. findet und sich die Ueberzeugung gewinnen lässt, dass der Verf. d. Mscr. die erste Arbeit Gerberts benützt haben muss. Ich kann aber nicht sagen, dass uns die Arbeit Gerberts darin unversehrt erhalten ist, vielmehr hat der Verf., wie er in das, was er aus Archytas entnommen hat, den *abacus* einmischte, so hier auch andere durch Gerberts *abacus* hervorgerufene Schriften benützt, was deutlich aus den oben S. 55 angegebenen Worten hervorgeht: *Singularis autem vel, ut alii volunt, minutum.* Zu den *alii* zählt nämlich Gerbert, der den Ausdruck *minutum* anwendet[25]). Ferners hat er sich Abkürzungen erlaubt, wie er schon im Eingang andeutete *(breviter et summotenus dicturi)* und ausdrücklich am Schluss sagt, der also lautet:

Haec vero brevi introductione praelibantes, si qua obscure sunt dicta, vel, ne taedio forent, praetermissa, diligentis exercitio lectoris committimus, terminum huius libri facientes et quasi ad utiliora sequentium nos convertentes.

In der That finden sich in der Schrift Gerberts noch andere Regeln, die im Mscr. durch nichts angedeutet sind, die er aber in seiner ersten Arbeit wohl gleichfalls erwähnt hatte.

So bin ich nun mit der genauen Betrachtung des Textes im Einzelnen zu Ende gekommen und glaube auf Grund derselben jetzt auch von den arithmetischen Stücken als sicher aussprechen zu können, dass sie nicht von Boethius sein können. Es haben sich ausser Benützungen des Werkes des Archytas (etwa aus dem 1. Jahrh. n. Chr.), auch solche von Werken ergeben, die mindestens vor dem 7. Jahrh. nicht konnten geschrieben sein, und endlich eine solche von einer Arbeit Gerberts, die dem 10. Jahrh. angehört. Es hat sich ferner, wie bei den geometrischen Stücken, auch bei den arithmetischen der Verfasser als ein Schriftsteller gezeigt, der ohne klare Einsicht in die Sache die von ihm gemachten Excerpte zu einem zusammenhängenden

---

25) Hätte G. auch *minutum* geschrieben, wenn er dem Verf. d. Mscr. nachgeschrieben hätte? — Es könnte freilich sein, dass beide, Gerbert und der Verf. d. Mscr. aus dem Werke eines Dritten schöpften und G. nur durch den *abacus* aus Leder und die Zeichen von Horn die Sache mehr in Gang brachte; aber von ihm heisst es eben (s. oben S. 28): *abacum certe primus Saracenis rapiens regulas dedit*, und kein anderer wird genannt.

Ganzen zu vereinen gesucht hat, aber schon durch die Ausdrücke, die er dabei anwendet, keinen hohen Grad von Befähigung dazu verräth. Es muss also diese Arbeit dem Boethius völlig abgesprochen und in das Ende des 10. oder den Anfang des 11. Jahrh. versetzt werden. Damit fallen aber auch alle Folgerungen weg, die man an die Autorschaft des Boethius geknüpft hat, und es ist nun in Kürze anzugeben, welches die Geschichte der elementaren Arithmetik und der Gang der Verbreitung unserer Ziffern gewesen ist.

Während bei den Griechen die Elemente der Geometrie bis zur Darstellung in dem wohlgeordneten auf festen Grundlagen erbauten Meisterwerk des Euclides gediehen, verlor sich die Untersuchung über die Zahlen in philosophische Speculationen und man begnügte sich die alltäglich nothwendigen elementaren Operationen mit den Zahlen auf der Rechentafel mit horizontalen Linien und mit Rechensteinchen vorzunehmen, wenn man genauer rechnen wollte, ausserdem aber mit den Fingern zu rechnen. Als Zahlzeichen dienten $I, \Gamma, \varDelta, H, M$, bald auch mit zunehmender Verbreitung die Buchstaben mit darübergesetzten Strichen, $\bar{\alpha}, \bar{\beta}, \bar{\gamma}$ u. s. w. Das gleiche Verfahren hatten die Römer, welche die Zahlzeichen I, V, X, L, C, D, M ebenso benützten, wie die Griechen die zuerst angeführten Zeichen. An Versuchen durch Kunstgriffe die Arbeit sich zu erleichtern fehlte es nicht, und besonders scheint man in den ersten Jahrhunderten nach Chr. Geburt durch übersichtliche Darstellungen und Figuren nach Erleichterung gesucht zu haben. Auch die Fingerrechnung erhielt eine Umgestaltung und es kamen die Ausdrücke *digiti* für die Einer und *articuli* für die Zehner auf. Dies scheint der Zustand des elementaren Rechnens im Abendland bis zum 7. Jahrh. und einige Zeit darüber gewesen zu sein. Unterdessen hatte sich in Asien, wahrscheinlich in Indien, ein eigenthümliches Verfahren mit senkrechten Columnen und eigenen 9 Ziffern dafür gebildet, welches bei den Arabern wenigstens vom 7. Jahrh. an, bei den Persern wohl schon früher, sich verbreitete, und von dem der *abacus* des Gerbert, der Gobar und die Zeichen des Neophytus Zeugniss geben. Die Null wird nicht als stellvertretendes Zeichen für eine fehlende Ziffer gebraucht, sondern dient als Marke über den 9 Ziffern, um sie als Zehner, Hunderter u. s. w. darzustellen. Aber auch so findet sie noch keine Verbreitung im christlichen Abendland. Gerbert benützt sie auch dazu nicht. Die römischen Zahlzeichen dienen zum Anschreiben der Zahlen, die Gobar-Ziffern zur Rechnung auf dem *abacus*. Auch dieser jedoch dringt nicht in den Verkehr ein, sondern man bleibt bei dem Abacus mit den Rechensteinen, und macht sich denselben nur dadurch bequemer, dass man die nöthigen Linien auf ein Blatt oder auf die Tische hinzeichnet und mit sogenannten *projectiles*, Ringe als Abbilder der Rechenpfennige, die Rechnung ausführt, auch statt besonderer Linien für 5, 50, u. s. w. die Zwischenräume benützt. Daneben wird auch die Fingerrechnung in ihrer verbesserten Weise so geübt, dass sie schon den Kindern ganz geläufig wird. Endlich bringt das 13. Jahrh. dem Abendland, besonders durch Fibonacci, zu dem Zahlenschreiben mit 9 Ziffern und der Null *(cifra, figura nihili)* als stellvertretendes Zeichen, auch das Rechnen mit denselben ohne Columnen.

Dieses war, wenn die Nachrichten darüber verlässig sind, in den ersten Jahrhunderten nach Christus in Indien aufgefunden worden, war, wie es scheint, seit dem 9. Jahrh. bei den Arabern und verbreitete sich bei diesen bis ins 12. Jahrh. so, dass es Fibinacci aus dem Verkehr mit denselben entnehmen konnte. Das christliche Abendland aber hat bis in die Mitte des 16. Jahrh. noch die frühere Weise neben der neuen eingeübt und hat auch die seit dem 10. Jahrh. ihm bekannten Gobar-Ziffern beibehalten, welche in bequemer Schreibweise bis auf den heutigen Tag gebraucht werden.

Erstaunlich sind allerdings die Zeiträume, welche die Neuerungen gleichsam zu durchlaufen haben, bis sie allgemeine Anerkennung finden, aber sie erklären sich aus der Zähigkeit des Menschen am Gewohnten festzuhalten. Muss ja noch Tennulius (Notae in Jambl. p. 100 fin.) im Jahre 1667 schreiben: *Sic etiam hodie calculum ridicule ponunt docti viri et post inventas fruges glundibus vescuntur.*

Taf. I.

Ungefähres Bild eines röm. Abacus.

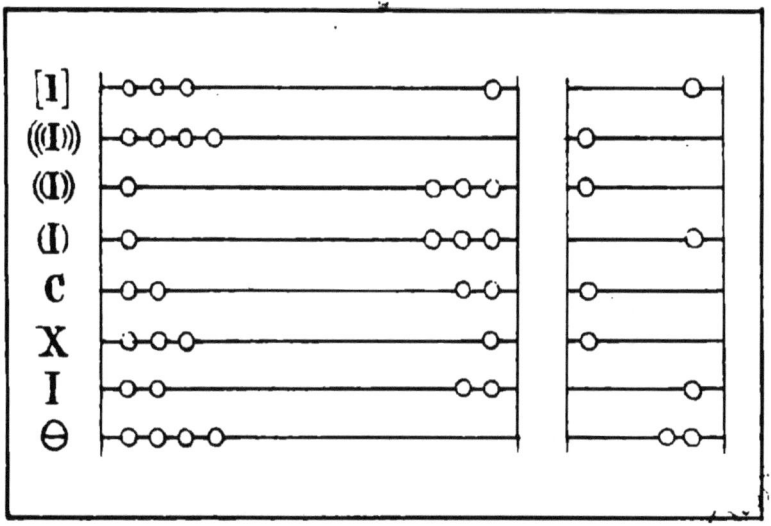

Die Linien waren auf der Metalltafel, die Klägel erwähnt Einschnitte, die O waren Stifte mit Knöpfchen. Da die Beschreibung derselben nicht alles deutlich entnehmen läßt, so muß ich mich mit einer ungefähren Darstellung begnügen. Jedes O auf den längeren Linien vertritt 1, jedes auf den kürzeren 5 Einheiten der denselben vorgeschriebenen Potenz von 10. Die O auf den mit ⊖ bezeichneten Linien, bedeutet 1, resp. 5 unciae. Möglich, daß nur ein ⊖ in der kürzeren, dagegen 6 in der längeren gebraucht wurde, um auch 11 unciae, einen deunx, darstellen zu können. Die oben dargestellte Zahl ist 1583762 oder in späterer römischer Bezeichnungsweise
I.M. DLXXXIII. DCCLXII.

Beispiel einer Addition mit projectiles auf Linien.

1534 f. 15 gr. 9 d.

350 f. 12 gr. 10 d. 1 ob.

200 f. 10 gr. 1 d.

65 f. 5 gr. 5 d. 1 ob.

16 f. 11 gr. 6 d.

6 gr. 10 d.

6 d.

2168 f. — gr. — d. — ob.

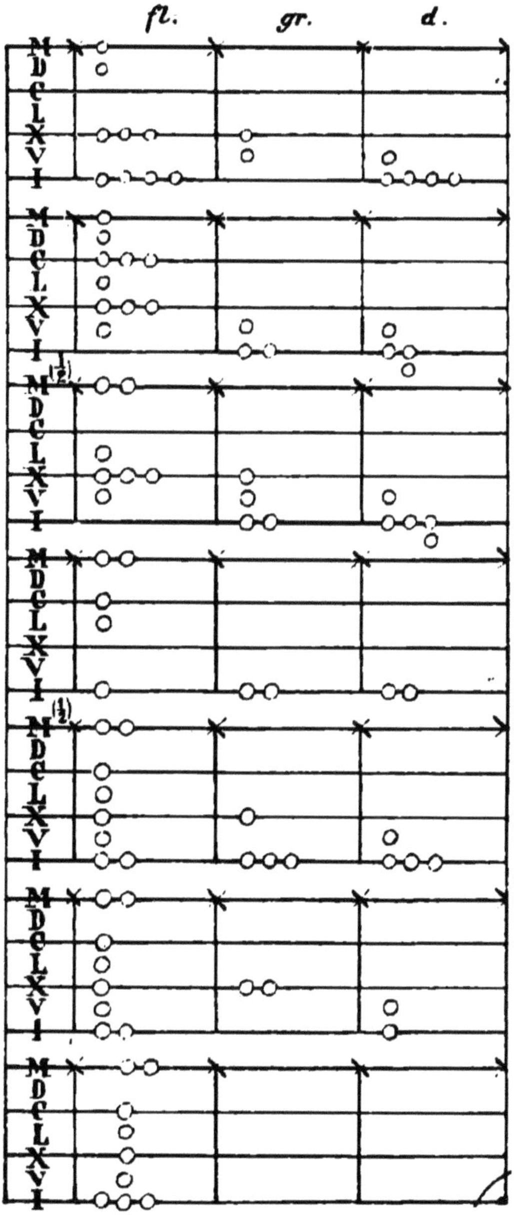

Taf. III.

Tafel des Abacus nach dem Erlanger
Ms. 288.

		Si pos	celen tij	teme nias	ze nis	cal ctis	Qui nas	ar bas	ormis	andras	Igin
		⊖	9	8	∧	ƕ	Ⴓ	⌁	ⰷ	Ⴀ	I
c̄M̄I	x̄M̄I	īM̄I	cīM̄	xīM̄	M̄I	c̄	x̄	ī	c	x	1
ↄ̄ / δδ	v̄ / δδ	δ̄ / δδ	ↄ / δδ	v / δδ	δ̄ / δ	ↄ	v̄	δ	ↄ	v	1ς
x̄xv / δ	īıς / δ	cc̄l / δ	xxv / δ	ııς / δ	c̄c̄l / c̄c̄l	x̄xv	īıς	ccl	xxv	ııς	1ƺ
x̄xıs / c̄cl	īƺ / c̄cl	c̄x̄xv / c̄cl	xııς / c̄cl	1ƺ / c̄cl	c̄cl	x̄ıis	īƺ	c̄xxv	xııς	1ƺ	

Taf. IV.

Figura minuttarum.

A_1	B_1	C_1	D_1	E_1	F_1	G_1	H_1	1_1	k_1	l_1	M_1
M	A_x	B_x	C_x	D_x	E_x	F_x	G_x	H_x	1_x	k_x	l_x
l	M	A_c	B_c	C_c	D_c	E_c	F_c	G_c	H_c	1_c	k_c
k	l	M	$A_{\bar{1}}$	$B_{\bar{1}}$	$C_{\bar{1}}$	$D_{\bar{1}}$	$E_{\bar{1}}$	$F_{\bar{1}}$	$G_{\bar{1}}$	$H_{\bar{1}}$	$1_{\bar{1}}$
1	k	l	M	$A_{\bar{x}}$	$B_{\bar{x}}$	$C_{\bar{x}}$	$D_{\bar{x}}$	$E_{\bar{x}}$	$F_{\bar{x}}$	$G_{\bar{x}}$	$H_{\bar{x}}$
H	1	k	l	M	$A_{\bar{c}}$	$B_{\bar{c}}$	$C_{\bar{c}}$	$D_{\bar{c}}$	$E_{\bar{c}}$	$F_{\bar{c}}$	$G_{\bar{c}}$
G	H	1	k	l	M	$A_{\overline{xc}}$	$B_{\overline{xc}}$	$C_{\overline{xc}}$	$D_{\overline{xc}}$	$E_{\overline{xc}}$	$F_{\overline{xc}}$
F	G	H	1	k	l	M	$A_{\overline{cc}}$	$B_{\overline{cc}}$	$C_{\overline{cc}}$	$D_{\overline{cc}}$	$E_{\overline{cc}}$
E	F	G	H	1	k	l	M	$A_{\overline{Mc}}$	$B_{\overline{Mc}}$	$C_{\overline{Mc}}$	$D_{\overline{Mc}}$
D	E	F	G	H	1	k	l	M	$A_{x\bar{c}}$	$B_{x\bar{c}}$	$C_{x\bar{c}}$
C	D	E	F	G	H	1	k	l	M	$A_{\bar{c}\bar{c}}$	$B_{\bar{c}\bar{c}}$
B	C	D	E	F	G	H	1	k	l	M	A
A											

Die Linien und Zahlzeichen sind im Original roth, die Buchstaben schwarz.

Multiplikation von 465 mit 53.

Taf v.

C̄	X̄	M	C	X	I
		I	I ↀ	I 8	I ↄ
	ↀ	ↀ		ↄ	ↄ

M	X	H	Δ	I
	· III	IIII	ↁI III	ↁI III
	II I	· II II I	ↁI IIII I	ↁI
II	IIII	ↁI	ↁI	ↁI

CCCC LXV
LIII
─────
XXIIII D CXLV

multiplicandus: 465.
multiplicans: 53.
medietas: 26½.
productum: 24645.

Taf VI.

		Fundort										
1,)	**Boethius.**	Erlanger (Altdor										
2,)		.										
3,)		Manuscr. zu Charl										
4,)		.										
5,)		Pariser Manuscr.										
6,)		.										
7,)		Indisch-arabisch	100 $1..$	1000 $1...$								
8,)		Gobar	$\ddot{1}$	$\dot{1}$								
9,)		Zahlzeichen des	Υ	$\dot{\Upsilon}$								
10,)		Zahlz. d. Maximu										
11,)		..										
12,)		.										
13,)		Saec. X. (Ar	W									
14,)		Saec. XII. Cod.										
15,)		Saec. XII. (A	Walther L. D. saec. XII :	$\overset{2}{\&}$, $\overset{5}{\dot{9}}$.								
16,)		Münchner Ann										
17,)		Saec. XIII. Ber	Manch: saec. XIII.	$\overset{2}{Z}$, $\overset{5}{\mathcal{E}}$.								
18,)		Erlang. Hdschr.	Dipl. d. B. u. Walther saec. XIII. Lex. Dipl.	$\overset{2}{\mathcal{E}}$, 9.								
19,)		Erlang. Hdschr.	Manch: saec. XIV.	2, 3, $\overset{4}{\not{5}}$, 1, 8, 8.								
20,)		c. 1500 Taf. d. Jo	Dipl. d. B. saec. XIV	$\overset{0}{\ominus}$, $\overset{1}{\Upsilon}$, $\overset{2}{\mathcal{Y}}$, $\mathfrak{h}$, $\overset{3}{\mathcal{J}}$, $\overset{4}{\mathcal{E}}$, $\mathcal{R}$, $\alpha\overset{6}{\mathcal{9}}$, $\overset{7}{\mathcal{O}}$, $\overset{8}{\mathcal{A}}$.								
21,)		Margaritha phil	Manch: saec. XV.	$\overset{2}{2}$, $\overset{3}{\mathcal{E}}$, $\overset{4}{4q}$, $\overset{5}{\mathcal{4}}$, $\mathcal{4}$, $\wedge 5$, $>$, 8.								
22,)		.	Dipl. d. B. saec. XV.	$\overset{2}{\mathcal{E}}$, $\overset{3}{\mathcal{J}}$, $\overset{5}{\mathcal{Z}}$, $\mathfrak{h}$, $\overset{7}{\mathcal{A}}$, $\overset{8}{\mathcal{8}}$.								
23,)		Quodlibetarius.	Manch: saec. XVI.	$\mathcal{F}$, 5, 5, 5, $\mathcal{4}$, $\mathfrak{h}$, 5.								
24,)		Adam Riese 15	Dipl. d. B. saec. XVI.	$\overset{3}{\mathcal{E}}$, $\overset{4}{\mathcal{R}}$, $\overset{5}{\mathcal{E}}$, 8, $\mathcal{7}$, 5, $\overset{2}{\mathcal{7}}$.								